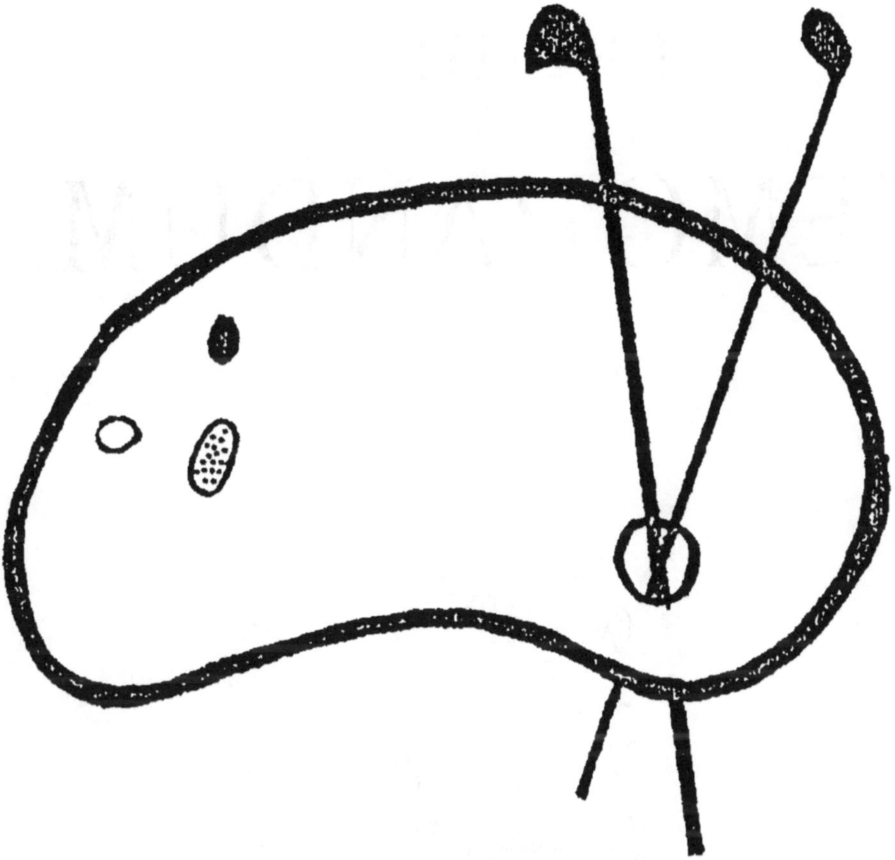

COUVERTURE SUPERIEURE ET INFERIEURE
EN COULEUR

J. BARBEY D'AUREVILLY

PREMIER
MEMORANDUM

1836-1838

PARIS
ALPHONSE LEMERRE, ÉDITEUR
23-31, PASSAGE CHOISEUL, 23-31

M DCCCC

LIBRAIRIE ALPHONSE LEMERRE

ŒUVRES
DE
JULES BARBEY D'AUREVILLY

Édition petit in-12, pap. vergé (Petite Bibliothèque littéraire)

L'Ensorcelée. 1 vol. avec portrait	6 fr.
Une vieille Maîtresse. 2 vol.	12 fr.
Le Chevalier des Touches. 1 vol.	6 fr.
Un Prêtre marié. 2 vol.	12 fr.
Les Diaboliques. 1 vol.	6 fr.
L'Amour impossible. — La Bague d'Annibal. 1 vol.	6 fr.
Du Dandysme. — Memoranda. 1 vol. avec portraits.	6 fr.
Ce qui ne meurt pas. 2 vol.	12 fr.
Une Histoire sans Nom. — Une Page d'Histoire. 1 v.	6 fr.

Éditions diverses :

Le Chevalier des Touches (Collection Guillaume-Lemerre). 1 vol petit in-8° illustré	1 fr.
Une Histoire sans nom. 1 vol. in-18.	3 50
Ce qui ne meurt pas. 1 vol. in-18	3 50
Premier Memorandum (1836-1838). 1 vol. in-18. .	3 50
Du Dandysme et de Georges Brummel. 1 vol. petit in-12, papier teinté, avec portraits de Brummel et de l'auteur à vingt ans.	3 50
Une Page d'Histoire (1605). 1 vol. petit in-12 avec deux eaux-fortes de L. Ostrowski	1 fr.
Pensées détachées. 1 vol. in-18.	2 fr.
Les Œuvres et les Hommes. — Les Poètes. 1 vol. in-8°.	7 50
— Littérature étrangère. 1 vol. in-8°.	7 50
— Littérature épistolaire. 1 vol. in-8°.	7 50
— Mémoires historiques et littéraires. 1 v. in-8°.	7 50
— Journalistes et Polémistes. 1 vol. in-8°. . .	7 50
— Portraits Politiques et Littéraires. 1 v. in-8°.	7 50
— Philosophes et Écrivains religieux. 1 v. in-8.	7 50
Littérature étrangère. 1 vol. in-18.	3 50
Littérature épistolaire. 1 vol. in-18.	3 50
Les Poètes. 1 vol. in-18	3 50
Mémoires historiques et littéraires. 1 vol. in-18 . . .	3 50
Journalistes et Polémistes. 1 vol. in-18.	3 50
Portraits Politiques et Littéraires. 1 vol. in-18. . . .	3 50
Philosophes et Écrivains religieux. 1 vol. in-18. . . .	3 50
Amaïdée, poème en prose. 1 vol. in-18.	2 fr.
Rythmes oubliés. 1 vol. in-8°.	3 fr.
Poussières. 1 vol. in-8° (épuisé)	3 fr.

Paris. — Imp. A. Lemerre, 6, rue des Bergers. — 1-760

PREMIER
MEMORANDUM

Tous droits de reproduction et de traduction réservés pour tous les pays, y compris la Suède et la Norvège.

J. BARBEY D'AUREVILLY

PREMIER

MEMORANDUM

1836-1838

PARIS

ALPHONSE LEMERRE, ÉDITEUR

23-31, PASSAGE CHOISEUL, 23-31

M DCCCC

PREMIER MEMORANDUM

13 Août 1836. A Paris.

Je m'en vais recommencer un Journal. Cela durera le temps qu'il plaira à Dieu, c'est-à-dire à l'ennui, qui est bien le dieu de ma vie. Quand je serai las de me regarder, je fermerai ce livre et tout sera dit. Pourquoi ne se débarrasse-t-on pas aussi facilement de soi-même, cet inexorable quelque chose qui est malgré lui-même, car le suicide nous en débarrasse-t-il entièrement? Qui le sait? Le *sommeil sans rêves* que souhaitait Byron n'était pas une réponse à l'angoissée question de Shakespeare. La lâcheté humaine s'est accroupie derrière Dieu.

Depuis mon dernier Journal que j'écrivais en voyageant, il y a un an à pareille heure, qu'est-ce que j'ai fait et que suis-je devenu? Si j'avais écrit l'emploi de mes jours et les deux ou trois derniers événements qui sont déjà un passé furieusement enfoncé dans le gouffre des choses, et ce que ces événements ont produit en moi ou m'ont arraché, ce serait une assez longue et triste histoire dont je ne conseillerais la lecture à personne, pas même à moi maintenant. Il est des ruines que personne ne voit achever de tomber, des chutes silencieuses. Ce n'est que longtemps après qu'on s'aperçoit qu'il n'y a plus rien où il y avait une existence et que le vide a englouti les atomes du dernier débris!

Mais je mets le silence, cette singerie impuissante de l'oubli, entre moi et le passé de ces derniers temps, et je me prends d'aujourd'hui même et du pied de la date de ce Journal.

Éveillé à 8 heures. — Lu le journal. — Pas de lettres. — Levé. — Cacheté une lettre à A... que j'avais écrite hier, la nuit, de peur de l'avoir à écrire aujourd'hui qui est le 13 du mois. Je suis superstitieux en diable et ne veux pas me brouiller avec elle. Ce jour pouvait influer sur nos sentiments à l'un et à l'autre, et d'une manière funeste ; et quoique je n'en fusse nullement certain, j'ai pourtant sacrifié à mon doute. Te voilà bien, nature humaine ! Oh ! comme je te reconnais là. C'était L. B. qui me demandait dernièrement si je croyais aux Nombres de Pythagore. Je n'y crois pas plus que je les nie. Il y croyait bien, lui, et il était Pythagore ! Si c'était en lui superstition, qu'est-ce donc que la superstition? Les êtres les moins véritablement superstitieux que j'aie connus, dans toutes les classes de la société, étaient les plus foncièrement médiocres, mais tout ce qui est distingué ou qui a seulement des *côtés distingués* ne peut s'en défendre. En tout état de cause, être superstitieux montre que l'on est capable de *profondeur d'impression*.

Lu. — Déjeuné. — Habillé. — Sorti. — Passé chez Th... pour mon poignard, auquel il fait faire une gaîne en cuivre afin que la lame ne me blesse pas en le portant. Elle traverse un fourreau de maroquin si épais qu'il soit. — Pas trouvé Th... — Allé à l'Institut. — Lu d'Ossat jusqu'à quatre heures. Homme fin comme martre et doux comme une hermine, physionomie spirituelle, modeste, et ne manquant pas de fermeté, — voulant patiemment et toujours, et ayant la foi au succès comme tous les forts et les heureux de ce monde. On est étonné du nombre d'efforts, de démarches, de lettres que l'on trouve dans sa correspondance pour amener des changements sans brusquerie dans l'esprit et les résolutions des hommes avec qui il avait à traiter. C'est un serpent de velours qui baise continuellement les pieds du Pape et les lui lie *torpeusement*, sans avoir l'air de bouger. Il me confirme dans l'idée que l'on obtient tout ce que l'on veut des hommes par la persistance sans colère et par l'idée fixe, éternellement reproduite et presque toujours dans les mêmes termes et avec le même accent.

Rentré. — Une chaleur tuante, resté donc tué dans mon fauteuil; plutôt couché qu'assis. — Pensé à... du fond de mon indolence. — Écouté des harpistes de rue qui sont venues chanter sous ma fenêtre; leur ai jeté quelque argent. — Dîné avec Gaudin, mon commensal ordinaire. — Pris du café et du curaçao de Hollande. — Si j'étais poète, je ferais une ode à l'alcool, ce feu de Prométhée qui nous coule la vie dans notre misérable et flasque argile. Oui! je ferais une ode, de par Dieu! si la Muse, cette double femme, deux fois trompeuse, ne m'avait abandonné. — Promené dix minutes sous les platanes du Palais-Royal. Revu X... d'un éclat et d'un animé de poses presque extraordinaires. *It is not dream and not reality*, mais je sortirai de cette position *bicéphale*. Je le veux froidement comme je veux tout quand je me mêle de vouloir, ce qui devient de plus en plus rare. — De là au Boulevard. — Dit bonjour à C. M. Il m'a semblé qu'elle était triste. — Rentré. — Persiflé un peu Marco Bartholoméo, *au demeurant le meilleur fils du monde.* — Bu je ne sais combien de verres d'eau sucrée et d'eau de Cologne. — Assez content de ma digestion. — Regardé par ma fenêtre, écrit ceci et vais me coucher.

14 Août.

Aujourd'hui Dimanche. — Journée vide. — Écrit ce matin à ma grand'mère. — Reçu une lettre d'Ernest annonçant l'époque de son mariage. C'est le 1er Octobre que la singulière cérémonie s'accomplit. — Reçu du monde toute la journée. — Dans les intervalles des visites, pris une note dans de Pradt et lu Pausanias. — Dîné avec de Guérin. — Trouvé Th. et sa maîtresse au Palais-Royal. Assis près d'eux et dit toutes sortes de folies et de fatuités. — Achevé le soir au café. — Rentré. — La digestion sans trop de souffrances, mais ennuyé, et sans savoir à quoi briser mes pensées. — Je vais essayer du sommeil. — Je dîne en ville demain, à ce que je crois, et un dîner d'hommes où il fera furieusement chaud par cet énervant temps d'orage. — J'aimerais mieux avoir toute autre perspective que celle-là.

Memo. — Pensé à écrire à X... demain. J'ai déjà trop tardé.

17 Août.

Je n'ai rien écrit ces deux jours. Les visites, la paresse, mille raisons de cette force m'en ont empêché. On arrive au soir brisé de fatigue et l'on n'a pas le courage de se replier sur tous ces *néants* qui ont fait un jour. —

Éveillé à huit heures, les nerfs douloureux. — Lu le journal. — Reçu une lettre de... par conséquent en bonne humeur le reste du jour. Il n'y a pas d'influence meilleure et plus directe que celle-là sur ma damnée et incorrigiblement impressionnable personne. — Quand donc serai-je usé tout à fait? — Ce que je sens pour elle est d'une virilité d'affection, d'une *profondeur* et d'un *désillusionnement* tels que tous les niais à enthousiasme, ces amoureux qui ont toujours seize ans, me nieraient cet amour *intuable*, mais du moins dompté.

Levé. — Allé au bain. — Les nerfs mieux après le bain. L'eau était froide. — Lu une Revue. — Étudié Pausanias, dont je ne suis pas plus content qu'à l'ordinaire. Je n'ai pas noté encore dans ces deux énormes volumes une seule réflexion morale. Les détails qu'il donne sur les objets d'art dont il parle manquent de pittoresque. Il ne décrit ni ne peint. Il dit : « *J'ai vu une statue de Jupiter* », et presque jamais il ne dit comment cette statue était faite. Voilà pourquoi son livre est plutôt un livre d'antiquaire que d'artiste. — Ce qui me plaît le plus en Pausanias, ce sont certaines traditions populaires et le scepticisme avec lequel il les reproduit. Il avait trop vu pour n'être pas sceptique. Les voyages et l'observation extérieure doivent entraîner toujours l'esprit du côté du doute, et cela naturellement et sans système. — Après Pausanias, lu *Pulci (Morgante maggiore)* en comparant la traduction de Lord Byron avec le texte. Assez exacte, mais non mot à mot, comme il s'en vantait. Encore une aberration de cet esprit irrégulier (le moins critique des hommes), qui n'a jamais su juger ni lui-même, ni les autres. Il mettait fort haut cette traduction et le poème lui-même, et l'une et l'autre me semblent médiocres. — Écrit enfin cette lettre à X... le premier anneau forgé de la chaîne. — Habillé. — Dîné. — Au café. — Vu Y... languissante, pâle, en vêtements blancs, très souhaitable, ma foi ! et qui m'a fait dire comme le cheval de Job : « Allons ! » — Fait une visite à Guérin. Promené avec lui sur le Boulevard. — Rentré. — Lu à bâtons rompus, écrit ceci et couché.

18.

Nada. . . . .

19.

La journée d'hier s'est écoulée dans la vie matérielle jusqu'au cou. Déjeuné avec Th... et soupé le soir chez Véfour. Dans l'intervalle, rien fait. — Pensé assommer un conducteur de cabriolet insolent. — Gorgé de thé au café Corazza une partie de la nuit. — Ce matin, pas trop mal levé. — La tête sans la lourdeur d'usage. — Lu les journaux. — Déjeuné. — Écrit; — une vraie avalanche de lettres! — Aristide Boissière est venu. Causé. N'étais pas en train d'abord, et puis me suis échauffé par le frottement si bien que je me suis retrouvé *conversationniste*. — Repris mes intarissables griffonnages. — Lu jusqu'au dîner. — Habillé. — Dîné. — Au café. — Puis chez Guérin. — Acheté un bouquet de roses et d'œillets au Boulevard. — Parlé de mon voyage en Touraine. Je pars Lundi avec Gaudin. Guérin m'a prédit que je m'ennuierais au milieu et malgré les merveilles du pays. Il a peut-être raison. Où diable est-ce qu'on ne s'ennuie pas? Surtout quand on est moi? Il faut que je recommence quelque travail autre que ces desséchantes études politiques, que ces notes prises ici et là; toutes choses qui vous laissent assez de pensée libre et désoccupée pour vous tourmenter et vous ronger. — J'ai certain germe de nouvelle en tête, et de comédie. — Écrire, je l'ai toujours éprouvé, est un apaisement de soi-même. — Rentré. — Écrit à ... et ceci, et ajouté au *Memorandum* pour demain : Penser à acheter les tasses à thé de madame ...

Samedy. — 20 Août.

Éveillé à huit heures, fort bien portant, plein de vie, de force et de souplesse, sans m'apercevoir que j'ai ces maudits nerfs. — Lu les journaux. — Reçu et écrit des lettres. — Apolline me donne rendez-vous demain de midi à trois heures. « *Vous m'oublierez,* » m'écrit-elle. En vérité!... Croit-elle donc être de la nature de ce *Lara* qu'on voyait une fois et qu'on ne pouvait oublier? Elle, on l'oublie jusqu'à ce qu'on la revoie, et on la revoit pour l'oublier encore! Le souvenir est l'ancre du cœur; les ancres sont de fer, recourbées, et mordent le sable. Ce qui est mou, léger, rond, n'enfonce pas, et les nids d'alcyon flottent gracieusement sur la mer qui ne s'en soucie. Telles beaucoup de femmes. Telle Apolline. De loisir, d'ennui, de coquetterie, pour ne pas avoir un peignoir qui sent bon pour rien, elle a pris un amant, et elle en est lasse, il la fatigue, et cette chétive liaison meurt de langueur, de je ne sais quel marasme, mais sans crachements de sang. C'est de l'épuisement d'être faible, et pas un iota de plus. Pour la sortir de cette atonie, il faudrait la hacher par morceaux et la jeter dans la cuve bouillante de Médée, ce symbole des hommes forts qui donnent aux femmes d'immenses intérêts jusque-là inconnus, la mort et la vie! Si elle avait eu de la *race*, peut-être eussé-je essayé, mais elle est incorrigiblement bourgeoise. Je ne perdrai pas mon temps à cela.

Lu *Pausanias* tout le jour. — *Marco* est revenu d'Angers, abattu, coulé à fond, foudroyé, sombré! C'est un cœur de colombe amoureuse dans une organisation de colle à bouche, que cet homme. Et puis des résolutions de premier mouvement, la précipitation qui se jette aux extrêmes, les dépits, les petites fiertés, les repentirs, les peurs de l'action commencée, le manque d'étendue dans l'esprit, il a tout ce qu'il faut pour ne jamais mûrir comme caractère et habileté dans les problèmes moraux qui s'agitent au fond de la vie et la constituent.

Habillé. — Dîné. — Ce soir, allé au spectacle. Vu jouer *Gabrielle de Vergy* et deux pièces de Molière. Très mécontent des acteurs. Rien n'a racheté la fatigue de quatre heures de spectacle dans une salle chaude et malsainement odorante. — Plus choqué que jamais des efforts que font les acteurs pour trahir la pensée qu'ils doivent cacher, comme si ce n'était pas très facile et très naturel de se trahir et qu'il fût besoin d'affecter qu'un secret échappe ! — D'ailleurs, cela n'est pas vrai que les sentiments se trahissent aussi grossièrement. Un pli de lèvre, un silence, un *arrêt* de physionomie les révèlent aussi bien que tous ces soulèvements de sein et ces nappes de frémissement qui s'étendent sur toute la surface du corps. — J'ose affirmer qu'il n'y a pas de femme si novice qu'elle soit, mariée depuis huit jours, amoureuse, infidèle, folle de crainte et ayant pour mari Barbe-Bleue lui-même, qui soit assez *bête* pour se montrer à son mari comme l'actrice (la petite Noblet, la tragédienne juchée sur les pointes de mademoiselle Taglioni,) qui jouait Gabrielle l'a fait ce soir. On croit qu'il faut tout outrer pour qu'on saisisse mieux et plus vite. Mais ce procédé ne ressemble-t-il pas au masque des anciens et à leur porte-voix? — Je prends l'envie de dormir et vais me coucher.

N. B. Les femmes d'un *certain âge* peuvent aimer les jeunes gens d'un caractère mou, mais les jeunes filles préféreront les caractères énergiques. Est-ce une preuve de ce qu'à vieillir les femmes se dépravent, ou de ce que les difficultés de la vie étant presque toutes résolues pour elles, ces difficultés qui se hérissent devant les jeunes filles, les femmes d'un *certain âge* n'ont plus besoin que de la jeunesse ?

. . . .

18 Septembre.

Quelle lacune ! Du 20 août au 18 septembre ! Il y aura après-demain un mois que je n'aurai touché à ce journal.

La cause de cette longue interruption est dans mon voyage en Touraine et dans la maladie qui l'a suivi, et dont je ne suis pas remis encore. J'ai tant souffert que sans la pensée de... la *seule* personne au monde dont l'affliction puisse *tout* sur moi, j'aurais avalé de l'opium de manière à ne plus me réveiller.

Ce voyage de Touraine ne m'a nullement intéressé ; mais qui peut intéresser un damné esprit comme le mien ? Le pays ne m'a pas enchanté (excepté la route de Blois à Tours), les villes encore moins, et d'antiquités, j'en ai plus vu que je ne puis prendre plaisir à regarder. Je n'ai point de passion pour le Moyen Age comme mon ami Trebutien, et je donnerais toutes les cathédrales du monde et les monuments les plus vantés pour une tresse de cheveux de Diane de Poitiers, ou encore mieux de cette Florentine, maîtresse de

Léonard de Vinci, dont le portrait est au Musée et que je ne puis regarder sans tressaillement. Je n'ai trouvé d'impressivement beau que Notre-Dame-de-Cléry, et je n'ai ouvert les yeux que sur la place où le *Balafré* (duc de Guise) tomba assassiné à coups de dague, entre trois portes, au château de Blois. J'ai mis ma main sur le mur où heurta son orgueilleuse tête en tombant, et franchement le souvenir de cette scène tragique a élevé mes esprits et ranimé la partie éthérée de mon être. — J'ai vu prodigieusement de femmes, toutes laides et communes, excepté deux, deux filles du peuple. Une surtout... à Chambord... une tête digne des pinceaux de Raphaël et plus idéalement modeste encore. L'autre n'était qu'une fille de la terre, avec des dents blanches sous de longs anneaux noirs tombant aux joues brunes et des yeux hardis. Un délicieux modèle de courtisane, et qui serait affolante avec une bande en velours écarlate sur le front, à la Grecque, et ses larges épaules roulées dans une mantille. Elle sucerait l'or, le sang, la vie! Elle serait un fléau, un de ces beaux fléaux de Dieu, un de ces Attilas femelles qui ravagent le monde sans épée... Est-ce que quelque honnête vaurien ne la tentera pas comme le diable fit Jésus sur la montagne, et ne l'emmènera pas à Paris, la patrie de tout ce qui est beau? En vérité, il y aurait plaisir à laver, peigner, parfumer ce bel animal, à le dresser, à lui apprendre son métier de femme et à l'initier à la vie des sensations pour laquelle elle fut créée (à moins que la Providence n'y voie goutte) de toute éternité.

Je suis sorti aujourd'hui pour la première fois, me traînant à peine. Le bain que j'ai pris ce matin était trop chaud et m'a affaibli, moi si faible déjà. — Rencontré aux Tuileries M. de F... Causé. — Été chez la *Graciosa*. — N'y était pas. — Au Palais-Royal, vu L. S. qui m'a appris que Grünn, sans motif et sans me prévenir, a donné mes entrées à la Porte-Saint-Martin. Je tiens fort peu à ce Théâtre où je ne vais point, mais Grünn a manqué de procédé et je lui prépare une éclatante leçon.

Dîné avec Guérin chez Copenet (restaurateur, cour des Fontaines). — Au café après. — Rien pris. — Monté jusqu'au Boulevard; personne! — Un soir d'averses, de froid, de nuages noirs, — de l'hiver, sans transition d'automne. Je n'ai jamais vu Paris si triste. — Souffrant au flanc et fatigué, je me suis fait charrier chez moi en voiture. — Écrit à Ernest. — Relu un Journal écrit de l'an dernier à l'endroit de madame P... trop dur pour elle. On en ferait une très vive et jolie maîtresse. — Plutôt ardente que tendre, plutôt vaniteuse et coquette que dévouée*. —

---

* Quand les liaisons ne doivent pas durer, cela vaut mieux. Les femmes tendres sont *mortellement* fatigantes quand on cesse de les aimer.

Le moment est bon pour qui veut le saisir. La pauvre femme est broyée sous l'ennui que lui cause son *chaste époux*. — Remonté le torrent de sensations passées. — Écrit ceci. — Il est deux heures du matin. Je vais dormir.

19 Septembre.

Éveillé assez tard, mais la poitrine échauffée et en assez mauvais état. — Toujours souffrant. L'anéantissement des jours précédents valait mieux que ce vague malaise et les noires idées qu'il engendre. — Déjeuné. — Lu les journaux. — Ai voulu me secouer par le travail. — Fini le livre de Bory de Saint-Vincent sur l'Espagne, — un livre substantiel, savant, méthodique, bien fait et écrit avec une rare élégance. J'en ai été plus content que je n'ai l'habitude de l'être des livres que je lis. Du reste, je savais l'auteur un homme distingué (de mœurs bizarres et de hardiesses que le troupeau bêlant des honnêtes gens appelle des *vices*) et écrivain habile. — Il y a bien des années que je lus son article *Feu*, du *Dictionnaire des Sciences naturelles*, et si mon impression dit vrai, cela est, de style, de la plus grande et de la plus rare beauté. — Guérin est venu. Causé de la poésie des langues, qui est tout autre chose que la poésie des poètes. — Travaillé jusqu'au jour tombant au Droit Romain, que je n'aime et n'estime que sous le point de vue historique. — Du reste, les Romains avaient compris ceci : c'est qu'il importe peu qu'une législation quelconque ait une valeur philosophique et de raison. Les Allemands, et nos spiritualistes modernes avec leur Allemanderie, ont voulu faire de la législation d'après les notions du juste et de l'injuste les plus éthérées, les plus platoniques. C'est une vertueuse niaiserie. — Le Droit politique, c'est la force assez intelligente pour se faire accepter, et rien de plus. Avec les belles maximes connues sur le développement complet (impossible d'abord) des facultés de l'individu, on énerve la puissance et l'action des Gouvernements. — Feuilleté la Correspondance de Lord Byron. — Dîné. — Assez bien. — Mes esprits s'étaient par degrés remontés.

Guérin est revenu. Lui ai lu dans *Volupté* deux pages superbes et vraies, sans mollesse et traînerie, comme souvent il arrive à l'auteur d'en écrire, et que j'avais marquées. — Lu encore, je ne sais plus trop quoi. — Puis écrit mille bouffonneries à A... sur les événements actuels ou près d'éclore. — Dans cette farce de la vie, rire et railler est encore la plus sage sagesse. — Griffonné un billet à L. S. — Noté l'emploi de cette journée qui ressemble à bien d'autres du côté de l'ennui, cette anticipation de la vieillesse, — et vais me coucher aussi las qu'on peut l'être de soi-même, cherchant la diversion du sommeil.

21 Septembre, — au matin.

Hier le 20. J'étais tellement fatigué et consumai une si grande partie de ma nuit à écrire des lettres, que je n'écrivis pas de Journal. Ce matin, je vais remplir les vides d'hier.

Levé tard. — Madame de La Renaudière, qui est revenue d'Auvergne m'envoya son domestique pour savoir comment j'étais. Je suis très content qu'elle soit revenue, et j'irai *flâner* chez elle un de ces matins. Nous mettrons face à face nos deux mauvaises santés. — Je lui ai écrit un billet, dans lequel j'ai été de la plus grande vérité et naturel, pour la remercier de l'intérêt qu'elle me porte et dont je suis plus touché que probablement elle ne le croit. — Écrit une longue lettre à ma mère, qui me mande que décidément Léon entre au Séminaire avant mon voyage de Saint-Sauveur. Ainsi je l'aurai prié en vain d'attendre quelques jours; il a tout méprisé de mes supplications et il n'a pas voulu retarder d'une heure le moment enivrant où il va s'affubler de la chape de plomb du Dante.

> Egli avean cappe con cappucci bassi
> Dinanzi agli occhi, fatte della taglia
> Che per li monachi in Cologna fassi.
>
> Di fuor dorate son, si ch'egli abbaglia,
> Ma dentro tutte piombe e gravi tanto
> . . . .

Pourtant il y a toute une vie entre nous deux, et une vie d'enfance et de jeunesse, la plus belle, dit-on, et le lien le plus fort! — L'oubli est plus fort encore, que je sache. Les sentiments se chassent les uns les autres et le creux de la main de l'homme est plus vaste que son cœur. Quand nous reverrons-nous maintenant, mon frère et moi? Ces jours qu'il n'a pas voulu me donner étaient peut-être les *derniers* que nous eussions passés ensemble. Nos destinées sont si opposées et la vie nous cache tant d'inattendu! Moi, je respire les longs voyages. Sitôt que je pourrai allonger la chaîne que la nécessité me rive aux pieds, je le ferai. Je me dévore de rester en place. Lui, une fois prêtre, que deviendra-t-il? Et quand je songe qu'il a pu se dire tout cela, et que tout cela n'a pas pesé un grain de poussière dans ses résolutions, je reste frappé au fond du cœur de la légèreté de l'homme que je connaissais pourtant, mais dont je n'aurais pas cru que Léon m'aurait fourni une preuve nouvelle et amère. Je l'ai prié à plusieurs reprises, et il ne m'a pas même répondu. Je suis resté seul et *inentendu* comme Roland à Roncevaux. O fragiles amitiés de la terre ! nous avons tous un Roncevaux dans notre vie, tôt ou tard. Nous appelons les absents, nous sonnons de notre cor d'ivoire et en vain ! Ce cor qu'ils connaissaient si bien et qui avait pour eux, disaient-ils, de si poignants appels, cette voix amie qu'ils proclamaient irrésistible et qui les eût ramenés du bout du monde, ils l'entendent qui demande, qui crie, qui meurt d'appeler, et ils ne viennent pas ! Nous teignons l'ivoire de notre cor inutile de la pourpre du sang de notre cœur déchiré. Ce sang dont nous comptons les gouttes, ils ignorent que ce sont eux qui le font couler. Comme Roland, nous ne sonnons plus bientôt à ces vides échos qui nous raillent, nous nous préparons à mourir seuls ; comme Roland, la rage d'être abandonnés ne nous fait pas fendre les rocs de nos épées, mais nous devenons rocs nous-mêmes en attendant que la mort nous ait broyés, sans nous rendre ni plus insensibles ni plus froids !...

Le coiffeur est venu. — Puis Guérin, Guérin qui m'a apporté les *Mémoires* de Gœthe que je désirais depuis si longtemps. Il était impossible de me faire un cadeau qui me fût plus agréable, surtout dans le moment actuel. — Causé. — Noir au fond de l'âme et cherchant à donner le change à mes pensées. — C'est pour cela que je me suis habillé et que je suis sorti. — Traversé les Tuileries avec une lenteur un peu tremblante et m'accoutumant difficilement à remarcher. Il faisait *frais-froid*. — Regretté de n'être pas *embossado di mia cappa*. — Allé chez la *Graciosa* qui devient invisible. Elle n'y était pas. — Dit un bonjour à la vieille grand'-mère de ce pauvre Fleury. Je ne monte jamais cet escalier sans que le passé me revienne trop. Dîné chez C... à la même table que G... et Q... mais pas avec eux. — Ce Quemper me plaît. Il est homme du monde, sans grande ambition d'être dans la conversation, mais *étant*; il a une parole correcte, châtiée, de bon aloi, et une physionomie fine, piquante et un peu *lasse*. — Parle peut-être un peu trop bas, ce qui est une ruse (ou y ressemble) d'homme d'esprit qui veut se faire écouter, et ce qui dénote une galanterie très respectueuse avec les femmes, trop respectueuse même. — Au café. — Pris du café et du kirsch-wasser. — Obermana était là comme toujours, mais moins bien qu'à l'ordinaire. — Monté au Boulevard. Pas grand'-chose en fait d'*Amaïdées* personnes. — Pris une Revue en revenant. — L'ai lue. — Pas très content des *Amitiés littéraires* de G. Planche. Le titre était bien, alléchant en diable, mais il fallait ne pas tant faire le vieux juge et dire des malices un peu plus gaies. — L'article sur cette nonchalante et souffrante madame de La Fayette, qui disait : *C'est assez d'être*, n'est pas ce que je croyais, quoique bien. — Écrit une lettre à ma future belle-sœur, la plus édulcorée lettre qui fut jamais, sucre, miel et lait. J'admire cette puissance un peu fourbe du langage qui est donnée à l'indifférence, et dont elle se voile et dont elle se sert au point de se faire prendre pour le plus aimable intérêt. Prends-toi à cela, pauvre mouche aux ailes luisantes ! Du reste, quoique j'aie écrit en homme civilisé, ne sentant rien et jouant à s'y méprendre le *sentir*, je n'ai aucune prévention contre cette jeune fille qui peut être bien, — mais une enfant, je crois. Du reste, quelle femme est davantage ? — Mon feu s'est éteint. — J'ai pris froid. — Couché.

Au soir.

Aujourd'hui, éveillé, habillé et devant mon feu à huit heures et demie. — Reçu une lettre de Maria, malade et qui demande un médecin. Je lui enverrai Thébaut. — Écrit un billet à Ap. pour lui annoncer ma visite demain. — Si je ne suis pas trop las, je passerai aussi chez la *marchesa* qui doit être revenue du 1er Septembre, mais qui ne m'a pas donné de ses nouvelles. Elle m'écrivait beaucoup autrefois ; aujourd'hui, elle joue une indifférence complète. Où diable en suis-je avec cette femme-là ? — Je n'en sais rien et ne désire pas beaucoup le savoir mieux. — Elle est belle dans toute l'étendue de ce mot, — d'une beauté qui commence à se flétrir, mais qui a encore des jours magnifiques. Elle est spirituelle, habile, railleuse, pleine d'aristocratie avec un *hein?* à la Bonaparte au bout de ses phrases, une observatrice presque, enfin c'est une femme hors du commun de toutes les manières. Eh bien, même *physiquement* (cette grande et presque seule manière dont nous plaisent les femmes), elle ne m'a jamais beaucoup attiré, quoique pour une raison ou pour une autre elle m'ait recherché beaucoup. — Où est le temps où nous passions trois heures tête-à-tête dans la même loge, n'écoutant pas un mot du spectacle ? J'aime son *chez elle.* Il y règne une liberté charmante et de bon ton, et elle a une grâce moitié coquette, moitié militaire, à faire les honneurs de son salon, dont l'*électricité* ne manque jamais d'agir sur mon esprit, cette chose ennuyée et si souvent silencieuse, mais pas là ! — Elle aura ramené ses filles. L'aînée (c'est singulier, elle porte le même nom que ma belle-sœur !), cette *Clarisse* en cheveux noirs, plus passionnée que l'autre Clarisse, aussi fausse mais d'une autre fausseté, qui ne se mettra pas tant à genoux et qui parlera pour moins de quatre pages, devra être

embellie, grandie et plus rêveuse depuis son absence.
— Allons! décidément, j'irai demain.

Lu les journaux. — Déjeuné. — Écrivaillé. — Guérin est venu à son heure ordinaire. — Mis au balcon avec lui et contemplé la beauté automnale du temps. — J'avais une envie *féminine* de sortir, mais je m'étais promis de rester hermétiquement barricadé chez moi aujourd'hui, et je n'aime pas à manquer à mes résolutions. — On se fait des habitudes lâches si vite! — Aussi suis-je resté, m'en fiant à mon chien d'orgueil pour me payer du supplice de la contrariété. — J'ai donné à relier mes *Mémoires* de Gœthe, que j'emporterai et lirai pendant mon voyage en Normandie. — Travaille jusqu'au dîner, au Droit Romain. — Le tailleur est venu (mais trop tard) pour m'essayer des vêtements. L'ai renvoyé. — Dîné copieusement et sans mal d'estomac après. — Lu une Revue en dînant. — Pris une note sur l'*Histoire de la Philosophie* de W. Ritter. — Griffonné une lettre à ... puis lu Machiavel tout le soir jusqu'à cette heure, minuit, « *l'heure des apparitions et des songes.* » Pensé beaucoup à ce diable de mariage et sans raison, du moins dont je puisse me rendre compte. — *Memorandum.* Demander au libraire les *Lettres sur l'Italie* du Président de Brosses. — *Good night!*

22 Septembre.

Je suis las de toujours noter le dégoût et l'ennui à chaque page et à chaque jour ! Mais c'est la vie comme elle est faite pour nous, radieuses intelligences, fiers et tristes, oh! tristes esprits! — Levé à huit heures. — Baigné mes mains dans de l'eau de senteur. — Pourquoi ne peut-on ainsi baigner sa pensée? — Lu les journaux. — Déjeuné. — Commencé la jolie comédie de *Clizia*, de Machiavel. La fable en est Grecque, mais les mœurs en sont profondément Italiennes. Les détails sont charmants de style et d'un immense esprit. — Guérin est venu. — J'ai fait ma toilette pour sortir. Essayé les vêtements d'hier et les ai renvoyés. — Pendant que je m'habillais, Guérin m'a lu le Journal de sa sœur, cette Pythonisse de la solitude, à laquelle je trouve trop de Dieu dans le sein. Si cette fille-là avait souffert de passions *réelles*, si elle s'était ouvert l'intelligence par le monde comme elle l'a fait par les choses, que ne serait-elle pas, tandis qu'elle n'est qu'une admirable dévote, un fleuve dévoré par la terre à l'endroit même d'où il jaillit. C'est un parti si mélancoliquement pris que cette existence! Cela fait mal parce qu'on sent que l'âme était là et que cette jeunesse qui décline et se resserre et se confine aux soins obscurs et vulgaires qu'un divin langage relève en vain, « *n'a pas lancé une seule fois ses coursiers* », faute d'espace devant soi. — O pieds du crucifix, si l'on savait ce qu'elle répand de sentiments, de larmes, de cœur, de vie sur vos blessures, que de profanes et coupables poitrines, vides ou déchirées par l'abandon, seraient jalouses, — jalouses de vous!

Sorti. — Un beau soleil, et pâle comme les femmes belles. Allé chez L. S. — Mis une carte chez la *Graciosa*, malade et plus traînante encore qu'elle ne *traîne* habituellement. — Pris une voiture. Allé chez A... Y suis resté longtemps. — Causé avec elle de sa vie intime qu'elle me livre maintenant parce que je l'ai pénétrée. — Resté si tard que je n'ai pu aller chez la *marchesa*. Je serais tombé au milieu de son dîner. Revenu par les Champs Élysées. La soirée m'a semblé triste, mais était-ce moi qui étais triste, ou le temps? — Dîné chez C... — G... et Q... étaient là. Q... a bien parlé, été amusant; décidément très agréable à rencontrer. — Au café. En ai pris, ainsi que du kirschwasser, liqueur virginale, forte, sauvage, courageuse et blanche comme Diane, et dont je suis excessivement l'Endymion. — Comme Diane aussi, ne nous vient-elle pas des forêts? — Promené au Boulevard. Acheté des fleurs que j'ai données à... Rencontré B... *(Marco)*.

Parlé peinture. A mon avis, il humilie trop Martyn devant le Poussin. Ai dit mes raisons, que je donne comme opinions personnelles, mais non comme vérité. On ne me reprochera pas le dogmatisme en fait d'Arts. En *ceci*, je suis de mon siècle, individuel et sceptique. — Revenu. — Fait allumer du feu et écrit à Grünn une lettre qui pourra bien ne pas plaire à son obèse personne, mais tant pis! — Tout manque de procédé sera à jamais fustigé d'importance par moi, qui me soucie fort peu des résultats qu'une leçon *donnée* peut avoir.

Reçu le plus suave billet de madame de L. R... en réponse au mien. — Me prie de dîner Samedy ou Mardy à mon choix. — Irai-je? — C'est singulier, je ne puis souffrir dîner en ville avec des femmes. Je ne dîne bien qu'en dîner de garçons ou seul; car je deviens un animal diablement égoïste et solitaire. Et puis, même quand je vais dans le monde, j'ai comme un regret au moment où j'y suis et où j'y cause le plus, de ma chambre en désordre, de ma table couverte de paperasses et de mes livres épars. — C'est le monde, je crois, qui m'a donné l'amour de la solitude tant détestée autrefois, — intolérable même. A Caen, je ne pouvais rester seul, cela me tuait, et comme (la première année) je ne connaissais personne, je passais mes soirées à rôder dans les rues, le plus souvent avec ce pauvre H...d que j'aimais mieux que *rien*, tout imbécille bavard et ennuyeux qu'il était! — Écrit ceci. — Regardé au balcon le ciel qui n'a pas un nuage et que la lune, cachée par les maisons, blanchit avec mystère au-dessus de ma tête. — Pensé à... à cause d'elle d'abord, puis à cause de cette nuit qui m'en rappelle d'autres, écoulées sous un ciel semblable, roulé insoucieusement dans mon manteau. — Aujourd'hui, jour pour jour (22 septembre), il y a un an, je passai une partie de la journée les jambes croisées à la Turque, sur un tapis, aux pieds de madame de P... qui brodait, et m'écoutait, et rougissait sous la peau brune de sa joue, jolie comme cela et Orientale aussi au point d'interrompre les indolences d'un Pacha. Que fait-elle maintenant, avec ses yeux étranges? Un Génie lui dira-t-il dans son sommeil que je viens d'écrire la première lettre de son nom et que son souvenir m'est tombé ... *où?* Eh bien, *où*, diable! et d'*où* m'est-il tombé? Pauvres machines que nous sommes et dont le mécanisme nous est inconnu! Philosophie, tu me fais bailler! je me couche. — Bu plusieurs verres d'eau et de vin. Il est deux heures du matin. Bonjour!

2).

. . . .

24.

. . . .

25. Dimanche.

Pas écrit ces deux jours, par lassitude, paresse, que sais-je? Tout s'explique par le peu d'intérêt de ma vie. — Dîné hier chez madame de L. R. Un dîner à huis clos fort agréable. — Le mari a été d'une bonté jusqu'à me proposer sa bibliothèque, dont je profiterai, car elle est fort riche en documents sur l'Histoire de l'Église, que je veux traiter tôt ou tard. La dame a été encore plus bienveillante qu'elle ne l'est toujours, le tout assaisonné d'un petit air maternel qui est fort drôle et qui lui sied à ravir. Je suis rentré à onze heures. — Ai lu dans mon lit. — Un peu souffrant et fatigué.

Ce matin, levé à neuf heures. Lu le journal. La presse me dégoûte. Je voudrais qu'on la sabrât et nos constitutions aussi, ces causes journalières de déboires. — Je suis *radical*, mais non démocratique. — La démocratie est la souveraineté de l'ignoble. — On peut m'en croire, moi qui l'ai aimée et dont l'amour a été tué par le dégoût.

Déjeuné. — Écrit des lettres, — un abatis! — Répondu à Grünn qui m'a donné des explications sur les faits tronqués par L. S. On n'a pas d'idée combien l'étourderie est fille de l'égoïsme. L. S., dans ceci, s'est conduit comme un enfant passionné, — en véritable étourdi! Dit à Grünn que, moi, j'étais pleinement satisfait de ses explications, mais que si lui trouvait les expressions de ma lettre (peu suaves, à la vérité,) trop dures, j'étais prêt à lui faire raison comme il sied à un gentilhomme. — J'attends sa réponse, mais qu'il se hâte. Je voudrais partir le plus tôt possible, car je séjournerai à Caen.

Reçu du monde. Aristide F... puis Guérin. Guérin s'en est allé au Musée. Resté seul. Pas en train de travailler. Ennui vague, attention distraite, prostration nerveuse. — Fait coiffer. — Habillé. — Mis un temps à cela qu'une femme aurait trouvé long. — La *sensation du Dimanche* est toujours triste pour moi. La vie passée, la vie passée, cette terrible impossibilité de l'oubli, rend ce jour-là amèrement douloureux. On dirait l'anniversaire de l'abandon. Mais c'est dans l'abandon que l'on connaît sa force, et la Force n'est-elle pas quelque chose qui vaut bien encore la peine de vivre?

Sorti enfin. — Temps doux et gris. Automnal. — Allé chez la *Graciosa*. — Monté jusqu'au Boulevard. — N'ai rencontré personne. Pas étonnant, les femmes qui sortent le Dimanche sont sans valeur, aristocratiquement parlant. — Dîné seul chez C... Mangé énormément, sans angoisse d'estomac après. — Allé au Café. — B... (Marco) et *Somegod* (Guérin) y sont venus. — Parlé de la littérature ancienne. — B... nous a quittés. — Allés, G... et moi, jusqu'à l'Opéra. — Rôdé au Boulevard de Gand, en dégoisant notre saoul des anciens et des modernes. Rentrés au café pour y lire un article, ayant toison et bêlement, du journal des *Débats,* sur ce demi-quart d'idées qu'on appelle *de Lécluze* et qu'on vante comme un homme d'esprit. — Les livres de cet homme-là sont aussi ennuyeux et fadasses qu'il est possible que livres soient. Ce qui n'est, morbleu ! pas peu dire. — Rentré. Bu de l'eau et écrit ceci. — Je vais essayer de travailler.

26. Au soir.

Réveillé à six heures par Gaudin, que voici revenu de province. — Levé à huit. — Lu le journal. — Reçu des lettres. Une, entre autres, de mademoiselle de la L. (la femme sous peu de jours de mon frère). Timide, incorrecte, d'une écriture de pensionnaire. C'est une femme à former, mais qui prendra cette *charge d'âme ?* — Déjeuné. Lourd. Le temps chaud. Je me suis couché et ai fait la sieste. Réveillé. Bu de l'eau de Cologne dans de l'eau sucrée pour remonter mes esprits. Travaillé. Pris des notes. Marqué des lectures. Le besoin des connaissances positives, du réalisme dans les aperçus de l'esprit, se fait de jour en jour sentir en moi davantage. — Guérin est venu. — Gaudin sorti est rentré. — Causé à bâtons rompus. — Habillé. — Sortis. — Traversé les Tuileries dans une heure *divine*. Le soleil se couchait et diffondait ses longues gerbes d'or pur à travers les massifs éblouissants dans leur base de clairière, et sombres et mélancoliques à leur sommet. Cela nous a pénétrés comme la vraie beauté. — Dîné au restaurant Italien. Bu du bordeaux, bon, mais trop vert. Les adolescences ne valent pas plus en fait de vin qu'en fait de jeunes filles. Manquent également de saveur. Allés au café, puis remontés au Boulevard. Nous nous y sommes assis. — Pris une paire de gants chez la Geslin. Revenu seul. Une lune albâtréenne et un ciel de taffetas bleu. — Travaillé. — Pris des notes. — Puis pensé à... J'espère que j'aurai une lettre d'*Elle* demain. Sans cela, gare l'humeur ! — La nuit commence d'être avancée. Vais-je dormir ou travailler encore ? Ou... ou... Ma foi ! je ne sais. Oh ! le moi, le moi, pourquoi faut-il que nous en ayons un ?

> Jupiter fit, en nous créant,
> Une froide plaisanterie !

27 Septembre.

Éveillé à 8 heures. — Levé. — Lu les journaux. — Reçu des lettres et en ai écrit. — J'en ai reçu de... comme j'y comptais, par conséquent assez bien tout le jour. — Non plus amusé qu'à l'ordinaire, mais sans ces mortels découragements contre lesquels il faut faire de la force à froid et à calcul. — Appris par ces lettres qu'un ancien *lien* va se dissoudre. — Je n'ai pourtant rien à me reprocher à ce que je crois, et s'il se dissout, qui l'aura dissous? Pas moi, du moins volontairement, car mon caractère calme et inflexible sur les points qu'*on a voulu* emporter d'assaut n'a pas peu contribué sans doute à ce détachement de ma personne, peut-être peu aimable aussi. — Quoi qu'il en soit, et des brisures du cœur, s'il y a quelque chose chez moi qui ait porté ce nom pour une autre que pour... On soufflette son passé, on renie ce qu'on aimait, on change! O *frailty, thy name is... woman!*

Déjeuné. — Essayé d'une sieste, mais des pensées violentes m'ont empêché de dormir. — Travaillé, puis fait coiffer, puis causé avec mon visiteur quotidien et bienvenu, Guérin. — Dit... quoi? des riens. Mais avec les esprits qui nous plaisent, les *riens* ne sont plus *rien*.

C'est la vie allégée alors; c'est la pensée détendue comme un arc au repos, — dans les bruyères. — Habillé. Sorti. N'ai rencontré personne. — Pris G... au Palais-Royal. — Dîné chez Copenet. — Q... et de G... y étaient. — Le dîner a été gai. — Nous avons rejoint ces messieurs qui nous ont devancés au café. — Promené au Boulevard. Une soirée chaude comme en été. — Passé chez la *Graciosa* en revenant. L'ai trouvée. Ai pris une nouvelle brochure pour cette nuit. — Écrit une lettre et fermé ce Journal pour lire la brochure en question.

Peut-être n'y a-t-il qu'une mère *malheureuse et coupable* qui puisse aimer passionnément son enfant. C'est la première fois que manquer à ses devoirs produise quelque chose de plus sublime que ces devoirs mêmes.

28.

. . . .

29 au soir.

Encore un jour tombé dans le gouffre sans qu'il ait retenti là ! — Je ne veux pas même me rappeler ce que j'ai fait hier. Pourtant il y a eu des fragments de cette journée qui n'ont pas été perdus puisqu'ils ont été consacrés à la seule personne (une femme, bien entendu,) que malgré toutes les distractions, l'étude, les soucieuses pensées, le monde, les irrégularités de la vie, *le boire aux torrents les moins purs*, l'ennui, enfin tout ce qui influe sur l'âme d'un homme, je n'ai pas désappris à aimer.

Levé tard. Trop dormi. Un sommeil lourd et fiévreux, — mais du moins sans rêves. — Lu les journaux. Rien, toujours rien, dans cette misérable politique expectante, que les paniques des gouvernants. — Madame Malibran est morte à Londres en huit jours. Voilà tous les journaux tournés à l'élégie et aux plus prétentieuses apothéoses. Quelle pitié! — F... en avait été amoureux fou et bien d'autres, mais moi je n'ai jamais compris l'amour pour une *histrionne* que dans le temps où je prenais la rage de la coucherie pour de l'amour. — Je ne l'aurai point entendue chanter, mais après Talma, que je n'ai point vu, qu'est-ce que le reste m'importe! *Tout* n'est-il pas irréparable?

Déjeuné, — et réduit mon déjeuner de moitié. Un progrès, car depuis cette sacrée maladie je dévorais comme un jaguar. — Il faut que je songe à redevenir de bonne compagnie et sociable. — Travaillé. — Lu. — Pris des notes, — pas mal, — je pensais à ce que je faisais. J'avais la force de l'esprit sans laquelle on ne fait que de belles choses manquées peut-être. J'étais attentif. — Vers trois heures, coiffé, bouclé, habillé, ganté, fait une visite à madame de L. R. Juré comme un corsaire *in petto* de ne pas la trouver chez elle. Il me semblait qu'un peu de causerie aurait détendu agréablement mes esprits.

Allé en voiture. Revenu à pied et par le plus long. — Un état vague de pensée côtoyant l'ennui de fort près. — Le temps s'est passé ainsi, je ne sais trop comment. Pris Gaudin pour le dîner. Dîné chez Cop... seuls. Trouvé le poète G... au café, où nous avons avalé du curaçao épais comme de l'huile de baleine, mais un peu meilleur, je m'imagine. — Passé la soirée chez la maîtresse de ... Elle était en négligé et pas jolie ainsi ! Les femmes devraient être toujours *habillées*, plus ou moins. Quand elles déposent les habits du combat, elles cessent d'être ces *fair warriors* dont parle Shakespeare. — Cependant, je n'ai jamais vu ... plus belle qu'avec ses papillotes. Que de fois je l'ai priée de les garder jusqu'au soir ! Mais l'exception est rare (*rara avis in terris!*). — Rentré. Écrivaillé pour surmonter mes pensées; du quinquina pour la fièvre ! — Il est une heure de matin. Je viens de regarder le ciel qui est calme, plus calme que moi. — Vais-je me coucher?

I

Quand tu me reverras au milieu du monde, ne me regarde plus et écoute-moi moins encore. Ce n'est pas ainsi que j'étais autrefois, ce n'est pas ainsi que tu m'as aimé. Le monde ne m'a appris qu'à être un esprit léger et frivole. Pour vivre avec ses favoris et à l'abri des coups trop tôt reçus, il m'a fallu railler sur tout et mentir avec grâce, il m'a fallu me croiser quatre griffes de lion sur le sein.

II

Quand tu me reverras seul, ne cherche point dans l'amer dédain du sourire les vestiges d'un changement qui ne menace pas ton amour. Je serai heureux auprès de toi, — heureux d'un bonheur comme tu sais le donner, quoique je l'aie reçu avec plus d'ivresse. Ce n'est ni ta faute, ni la mienne, si les jours passés ne sont plus. En s'en allant, ils ont emporté toutes les joies, n'en laissant qu'une, mais la rendant amère, celle-là, — que ni le temps, ni le monde, ne pourrait à présent nous ravir.

III

O Clary ! toi qui m'es restée quand l'oubli entraînait tous ceux que j'aimais loin de moi, si tu ne me retrouves plus tel que j'étais, pleure sur moi, pleure sur nous deux, mais ne pleure pas sur notre amour, puisqu'il habite encore ce cœur déchiré et froid. Quand la mort *nous* aura frappés, il pourra disparaître comme nos poussières, mais il ne cessera pas de subsister. Dussions-nous ne pas nous revoir, ce qui fut moi te restera fidèle, et si c'est un rêve, je veux rêver que nous nous aimerons.

30 Septembre.

Il est minuit et un quart ; je rentre par un temps clair et glacé. Une belle nuit, mais froide comme celle en marbre de Michel-Ange. Les domestiques sont couchés. — Pas de feu. — Je suis transi.

Mem. Si je rentre demain tard, ne pas oublier un manteau.

Aujourd'hui, levé souffrant, mais la souffrance a fui dans les deux heures qui ont suivi le réveil. — Lu les journaux. — Gr... ne m'a pas répondu. La proposition que je lui fais de nous battre s'il s'est trouvé insulté, ne l'a pas trouvé pressé d'accepter. Honnête homme! la vie lui est douce et il tient à sa panse. Ce qu'il y a de plus plat dans la conduite de Gr... c'est qu'il s'obstine à m'envoyer un journal dont je ne veux pas et que j'ai refusé formellement. Mais, à présent, qu'il fasse, qu'il accomplisse la loi de sa nature, qu'il soit lâche autant qu'il lui est donné de l'être, je m'en soucie comme d'un cigare, — comme d'une papillote, destination dernière de cette feuille stupide, sédiment de bêtise et de servilité.

Déjeuné. — Reçu une lettre de Léon. Il me donne les plus pitoyables raisons pour justifier son entrée au Séminaire avant mon départ pour Saint-Sauveur, — des raisons qui ne sont pas des raisons. — Travaillé jusqu'à l'heure où Th... est venu. Causé. Reçu une visite de l'abbé Marty. Parlé espagnol, qu'il m'apprend, incorrectement, mais entendu Marty le parler avec cet amour de la langue maternelle dans laquelle l'homme a tout son esprit et tout son souffle. — La langue est dans le sein de nos mères, nous la suçons avec le lait. Celle prise ailleurs qu'à cette source sacrée n'est qu'une gaucherie, que certaines personnes qui sont toutes grâces rendent piquante en la parlant de travers. — G... est venu, puis reparti. — Repris mon travail jusqu'à l'heure de dîner. — Habillé. — Sorti en voiture.

— Dîné chez C... avec Gaudin. — Allé au café. — Bu du kermès, feuilles de roses, parfum, nectar d'odalisques, par-dessus les alcools brûlants. — Cassé un verre sans confusion. Maladroit, mais en apparence d'aplomb imperturbable toujours. — Passé la soirée au Concert. Il y avait longtemps que je n'avais entendu de musique; cela m'a paru bon. Beaucoup de monde se ruait là, mais n'ai vu personne qu'on pût honorer de ce regard *attentif* qui naît devant la beauté dans nos sceptiques yeux. — Revenu par le Boulevard. — Rencontré C. M. — Bavardé. — Pris un cabriolet et rentré. — Bonne nuit.

1er Octobre 1836.

Une nuit de fièvre et d'agitations. — Levé de bonne heure. — Lu le journal. — Reçu une lettre de cette malheureuse Maria qui va un peu mieux et qui me remercie de l'argent que je lui ai envoyé. — Déjeuné légèrement. — Avais froid. Le temps est digne du mois de Janvier dans ses plus mauvais jours. — Ai fait allumer du feu. — Travaillé. Pris des notes historiques et politiques. — Rompant ainsi une chaîne d'idées entraînantes et qui ne demandaient qu'à m'agiter si je n'avais pas résisté, — m'agiter et non m'abattre, ce qui est tout différent.

Lu Pausanias, — douteux comme toujours, mais cependant soumis à l'opinion de son temps et se taisant par cela même sur bien des choses. Parle avec assez de dédain des femmes. Les trouve plus déréglées dans leurs désirs que les hommes (ce qui est vrai) à propos du collier d'Éryphile pour lequel Callirhoé, fille d'Acheloüs, fit tuer Alcméon. — Innocente fantaisie ! — Guérin est venu. Pendant qu'il a été là, coiffé et habillé presque. — Quand il a été parti, lu une thèse en chirurgie assez bien faite. J'aime ces matières-là. Elles attirent irrésistiblement mon esprit. Les sciences dans lesquelles on n'est pas versé et qu'on pénètre seulement par *échappées*, sont les plus beaux poèmes possibles pour l'imagination des hommes. — J'écris *imagination* parce qu'elles ne sont que des *réalités entrevues*.

A cinq heures et demie, monté en voiture. Un temps gris, pluvieux, *spleenétique*. — Allé dîner. Ces messieurs (G... et Q...) sont venus. Dîné longtemps et copieusement, et couronné le tout d'une bouteille de Grave et des plus joyeux propos, avec une légère nuance libertine qui est à la conversation d'un dîner de garçons ce que le rouge est à une femme : — mis en petite quantité, il anime les yeux et fait très bien ; en trop grande, il rend affreuse et ignoble. — Au café, G... seulement et moi. Resté longtemps à cause de la pluie. Mauvaise saison ! on ne peut encore aller dans le monde comme en hiver et l'on reste sous le poids de ses soirées, — lourdes à porter quand on ne peut promener et que les spectacles sont détestables en acteurs comme en pièces. — Ai dit à G... aujourd'hui qu'il était bien heureux (toute idée d'amour à part) de voir chaque jour une jeune fille, — étrangère (c'est je ne sais quel gracieux mystère de plus), — de la voir dans tous les détails du foyer domestique, innocente, confiante, gaie, sereine, flexible, d'une puberté incertaine encore, bonne comme une enfant qui sera femme, douée de mille charmes doux, suaves et pâles; que c'était une vertu d'harmonie pour la turbulence intérieure, comme une paix *profitable* aux facultés, le dictame des inquiétudes et des ennuis de la vie. — Oui! l'intelligence doit gagner à cela. Elle gagne en calme, et le calme, c'est la Force. Par exemple, gare l'Amour! car s'il s'en mêle, tout est fini.

Allé chez la Geslin; pris des gants. Convoité un magnifique flacon de cristal ciselé à bouchon d'or pur dont ma fatuité s'arrangerait et peut-être s'arrangera. Les caprices dans mon âme sont aussi nombreux que les plis sur la mer, *un jour d'ouragan*. — Fait un *véritable cours* d'éventails. Peut-être en donnerai-je un à ma belle-sœur, symbole de la fraîcheur de mes sentiments pour elle. — Tué le temps dans ces graves *élucubrations*. — Revenu. — Pris une Revue. — Lu au coin du feu un article de M. de Carné sur l'Espagne, bien jugée, je crois, et avec connaissances réfléchies des pentes *certaines* de l'esprit européen, qui n'est pas où le fourrent nos politiques *de moralité et de progrès*, dans leur sacré et sot verbiage que Dieu confonde à jamais! — Rêvassé, — puis griffonné ceci et me voici, — griffonnant encore à deux heures et demie du matin! — J'entends le vent et la pluie à mes vitres, « *fous tous les deux comme quand ils luttent ensemble à qui sera le plus puissant.* » Une nuit triste, triste, — les patrouilles, à de longs intervalles, passent sous ma fenêtre, et jusqu'au pas résonnant et lent des chevaux me paraît mélancolique. — Je suis toujours seul à ces heures, et cela ne vaut rien, mais qu'y faire? Avec *une* autre, ne serais-je pas seul encore? N'ai-je pas mon *pic* au dedans que j'habite, mon pic qui fut un volcan et qui s'est changé en glacier? — « *Va dans un couvent, fais-toi moine!* » Mais non! quoi qu'il en puisse coûter, ne donnons jamais démission de nous-même. Le cri d'Hamlet est d'un être faible; car cet homme incroyable n'a rien de fort, pas même l'esprit, et pourtant (sorcellerie de Shakespeare!) n'est-il pas puissant sur nous comme s'il était fort?

2. Dimanche.

. . . .

3. Lundi.

N'ai rien écrit hier. — Je rentrai fort tard, souffrant de la poitrine, et je me couchai. — J'étais allé au concert. — Y avais trouvé B... avec madame G... sa cousine. — Un monde fou, mais pas d'aristocratie.

Aujourd'hui, levé à une heure. — Travaillé. — Lu Bulwer *(England and the English)*. Pas content de l'ouvrage. Ennuyeux et radical. — Habillé, et attends Th. pour dîner.

Au soir.

Oublié de noter que j'ai reçu ce matin une lettre de ma mère. Me parle de sa belle-fille, qu'elle dit bonne et d'esprit. Nous verrons bien. Oublié aussi de noter une visite du docteur Marty.

J'avais l'intention de faire des visites. Ai renoncé à mon projet à cause du froid. Thébaut venu. — Achevé d'habiller. — Sorti. — Dîné chez C. — Au café. — Été assez sobres pour des gaillards comme nous. — Monté au Boulevard. — Redescendu à cause du froid. — Mal en train. — Rentré.

C'est aujourd'hui (cette nuit même) que se marie monsieur mon frère. Dans quelques heures la cérémonie va se faire, et deux vies ne seront plus que... deux. Hélas! toujours deux! L'unité est-elle donc impossible? Je n'ai pas voulu assister à la triste bouffonnerie, cependant il y aura là de bonnes figures à étudier. Le marié avec son enthousiasme légal, — la mariée avec sa confusion un peu hypocrite, — et les parents contemplant, l'œil humide, le tableau du bonheur conjugal. — Par une pareille nuit, l'église sera froide. Est-ce un présage?

Si je me mariais, moi, quel air aurais-je? Quelque amour qu'on ait pour sa femme, à vingt-six ans passés, peut-on avoir *l'air heureux?* On a plutôt l'air triste quand le cœur est heureux à cet âge. La crainte de tout perdre n'est-elle pas au fond (mais seulement *au fond*) de nos joies. Oh! je ne veux point y penser.

. . . .

4 Octobre 1836.

Souffrant extrêmement dès le réveil. La poitrine enflammée et douloureuse, la tête lourde, les nerfs abîmés. — Levé tard, vers onze heures; la pensée aussi mal que le corps. — Lu le journal. Rien que des sottises! — Écrit une lettre à Léon. — Lu Bulwer. Toujours mécontent. A part les grands poètes, je ne crois pas que les Anglais puissent faire un bon livre et en aient un. Le subtil génie de la prose leur échappe. — D'un autre côté, le livre de Bulwer est une étude sociale. C'est un livre de nuances. Il fallait à l'auteur plus de finesse d'aperçus qu'il n'en a pour le bien faire, et peut-être une autre position dans le monde pour bien observer.

Il y a dans *Don Juan,* malgré la verve malicieuse de l'auteur et par conséquent un peu exagératrice, et dans quelques pages des *Mémoires* de Lord Byron, plus de vérités saisies, plus d'intuition des défauts très *personnels* de la société Anglaise, que dans tout Bulwer qui l'a fait poser devant lui.

Reçu une lettre de madame de F... Me dit avoir déterré une position avantageuse pour ma protégée Maria. Mais celle-ci est malade, et c'est ainsi que tout va de travers dans ce meilleur des mondes possibles. — Réponds à la gracieuse missive par un billet plus gracieux encore. — Repris Bulwer. Lu jusqu'au tomber du jour. — Il fait un temps affreux : un ciel bas, noir, du vent, de la pluie, des rafales, du froid; un temps fécond en mauvaises pensées. — Pas sorti. — Renvoyé le coiffeur. — Rêvassé de ce mariage. Je ne sais pas pourquoi j'y pense ainsi. Puis à ... puis à ... Sur quelle diable de montagne russe glisse la pensée ! Impossible de l'*enrayer* quand elle a pris certaines directions. — Allumé la bougie. Lu Bulwer jusqu'à l'ipécacuanha.

Il dit que le ridicule en France s'attache aux manières, et en Angleterre aux émotions. Qu'on ne supporterait pas dans ce dernier pays la *chevalerie* de Chateaubriand, la grande idole de Jagrenat de nos plus spirituels badauds de France ; que Lord Byron fut mortellement déconsidéré par son départ pour la Grèce aux yeux des *Ladies*. — Au fait, ce petit enfantillage militaire était assez ridicule. Mais l'amour de l'antithèse égare l'insulaire. Nous ne pardonnons guères plus aux émotions qu'aux manières *inélégantes*. (Voir les chagrins de madame de Staël a propos du dénigrement et de l'enthousiasme.) La faveur actuelle de Chateaubriand est bien plutôt une *moutonnerie* ou un parti pris politique qu'un engouement. — Envoyé chercher à dîner.

Au soir.

Dîné voracement. — Mis en colère parce que le libraire n'avait ni les livres ni les journaux que je lui ai demandés. — Repris ma lecture, quand H... la maîtresse de ... est arrivée chez moi à ma très grande surprise. Elle veut renouer avec ... qui ne l'aime plus. C'est une femme qui croit à la puissance des coquetteries, caresses et autres choses qu'on pourrait appeler du fameux mot de Buffon à propos du style ou du geste (lequel des deux?): le *corps qui parle au corps*. — Ne lui ai pas donné grande espérance. Quand on a affaire à un homme faible et sensuel, on le *grise* encore une ou deux fois, mais c'est tout; — à un homme fort, du moment que le plaisir n'est pas *intellectualisé* par le sentiment ou l'imagination, on s'avilit à pure perte: les ivresses décolorées et rares que l'on essaie de provoquer sont impossibles.

Causé jusqu'à neuf heures et demie. — H... partie, lu encore Bulwer. Il faut que je finisse le volume et que je le rende avant mon départ pour la Normandie. Or je désire partir Samedy. — Rallumé le feu. — Bu de l'eau. — Lu les douze premiers chapitres du quatrième volume de Pausanias. — Ennuyé jusqu'à la rage comprimée. Ecrit ceci, et vais dormir si je puis. Fera-t-il assez beau pour que *ma fragilité* puisse sortir demain?

5 Octobre 1836.

Levé souffrant, mais moins qu'hier et aussi tard. — Théb... est venu comme je sortais du lit. — Pris de-

vant lui un bain de pieds brûlant et fortement sinapisé.
— C'eût été un excellent exercice pour un Spartiate.
— Lu les journaux, — puis Pausanias, — puis Bulwer tout le jour. — Mon Dieu! comment s'y prennent les gens qui ont de l'intérêt pour ce qu'ils font? — Coiffé.
— Essayé des vêtements neufs. Allaient bien. Le culte de la forme se soutient toujours en moi, ce qui prouve que le diable, si vieux qu'il puisse être, ne devient point ermite, et que les proverbes en ont menti!

Car vieux, je le suis, à croire que ce qu'ils appellent mon âme fut forgée le premier jour de la création.

Sorti. Dîné avec Gaudin chez C. — Au café. — *Obermana* était magnifiquement pâle ce soir, et des yeux cernés comme si elle se les fût noircis et peints à la manière Turque et qui donne tant d'expression au regard. J'ai le plaisir le plus *désintéressé* à regarder cette femme. — C'est l'impression pure de la beauté, non de la beauté parfaite, car je *sais* les défauts d'*Obermana*, mais de la beauté néanmoins : la beauté n'excluant pas l'imperfection ou les imperfections, mais les *noyant* dans un ensemble harmonieux.

Monté au Boulevard seul. Un temps sale et humide. — Fait une visite à ... Personne! — Revenu. — Rencontré F. B. Promené ensemble. Parlé Histoire et de ses travaux actuels. Passé beaucoup de temps à bavarder. — Allé chez la *Graciosa*, pauvre penchée qui se redresse. Très changée. — Rentré. — La coupe de l'ennui déborde ce soir ! — Pas un jour impuni ! pas un malheureux jour !

6 Octobre 1836.

Mieux aujourd'hui que les jours précédents quoique je n'aie pas fermé l'œil de la nuit. — Levé de bonne heure. — Reçu une lettre qui me force à partir Samedy matin. — Écrit un billet à Th... — Habillé. — Prêt à sortir à une heure, pas auparavant, parce que ces messieurs G... et T... sont venus. — Allé déjeuner au Palais-Royal. — Un temps superbe et chaud, dilatant de souffles *printaniers*. Cette saison a des caprices charmants et cruels. — Déjeuné. — Monté jusque chez ... — Me suis senti une envie irrésistible de dormir et j'ai dormi une demi-heure chez G... — Lu ensemble de beaux vers (*La Mort de Socrate*, divin poème, niveau très élevé, que l'auteur n'a pas repris). — Allé chez la Geslin. Fait mes emplettes. — Retenu une place à la diligence. — Passé, d'habitude, chez la *Graciosa*. Pas trouvée. — Rejoint Gaudin chez moi. Dîné. Pris du café et du kirsch-wasser, puis au concert. — J'ai donc échappé par la musique et quelques beaux vers, à cette vie matérielle qui m'a pressé aujourd'hui de toutes parts.

— Très content du Concert. — Remarqué une femme digne du pinceau de Murillo pour le genre de beauté. — Ah! mon Dieu! mon Dieu! que c'est beau d'être beau! — Moins impressionné pourtant par cette femme que mon ami M. de G...

Il m'est arrivé une plaisante aventure en allant à ce Concert. Une femme (entretenue sans doute), bien mise, brune, jolie *hardiment*, des yeux noirs, mince (trop mince même), est passée près de moi. L'ai regardée, mais sans affectation. Alors elle a rebroussé chemin, m'a suivi, et me joignant bientôt m'a dit bonjour en me tendant la main avec une grâce, un aplomb et une désinvolture parfaite. M'a saisi le bras. J'ai cru pendant tous ces préambules qu'elle me prenait pour un autre et je l'ai laissée s'enferrer, mais point! Elle ne confondait mon *moi* avec celui de personne. M'a dit m'avoir rencontré *là* et *là* (elle a cité juste) et *brief* m'a engagé à aller la voir. M'a dit son nom et son adresse. — N'est-ce pas singulier? Non qu'une femme *raccroche* un homme dans la rue, mais qu'il y ait quelque chose de *personnel* à cela, lorsqu'on n'a jamais parlé à cette femme et qu'on ne l'a pas même remarquée?

Revenu du concert par le Boulevard. — Soirée fraîche. — La pluie est tombée au moment où je quittais G... — Jeté dans un cabriolet. — Rentré. —

Causé avec... — Écrit ceci. — Appris que madame de L. R. ne peut me recevoir demain. Vais lui écrire pour lui *soupirer* mes adieux.

7 Octobre 1836.

Levé bien portant. — Lu les journaux. — Écrit à madame de L. R. — Pris un bain de pieds. — Déjeuné. — Écrit à T... pour mon poignard. — Soldé des notes. — Que tous les diables d'enfer emportent les commissions ! Reçu une visite de L. S. — Appris que Gr... a menti par peur et que lui, L. S., m'avait dit vrai. La bêtise et la lâcheté combinées ne peuvent guères aller plus loin. — Habillé. — Sorti. — Acheté un tablier pour A... et un bonnet de voyage pour ma Seigneurie. — Allé chez madame F... — L'ai trouvée. — Puis chez la *marchesa*. — Je croyais qu'elle me boudait, mais non ! Les persiennes étaient fermées, et l'on m'a répondu qu'elle ne revenait de Nogent qu'à la fin du mois. — Revenu. — Dîné. — Allé au concert avec G... et de G... — Une cohue indigne et un mauvais choix de musique. Dandies, *furieux*, lions y abondaient, mais n'ai pas revu la jeune femme d'hier. — Rentré, — et dans les angoisses de l'emballage jusqu'à ce moment. — Il est trois heures du matin.

J'aime mieux ne pas me coucher que d'être agité sans dormir comme je le serais si je me jetais sur mon lit. On me réveillera demain à quatre heures et demie. Mais je ne dormirai pas.

Je quitte donc Paris, et pour combien de temps ? Le moins longtemps possible. Les conditions nécessaires à une existence, même de quelques mois, en province, me manquent trop. Cependant... mais non ! tout est irréparable. — Paris ou les longs voyages, voilà ce qu'il faut à un homme aussi ennuyé et aussi vieux que moi. — Cette vie de Paris convient si bien à l'ennui des passions trompées. — On marche si nonchalamment sur le sol que tout ce *fusain* ne garde pas votre trace. Des relations qui se nouent et se dénouent comme une jarretière (emblème souvent !), un *désaimer* facile, des détachements pleins de grâce qui allègent la vie, un scepticisme charmant, et puis cette profonde indifférence qui est l'amabilité suprême, — car les êtres passionnés tourmentent la vie de tout le monde, les indifférents, au contraire ! — Quelques mensonges sans importance et sans effort, phraséologie en harmonica à l'usage des gens civilisés, et ils sont aimables comme cette madame de Vernon (dans Delphine), l'idéal de la femme des sociétés perfectionnées, la figure la plus *fine* qui ait jamais été tracée de main de femme ou d'homme, et qui était autrement difficile à *attraper* qu'une physionomie passionnée, primitive, forte, saisissable en *gros* et surtout par le mouvement. Je ne crois pas que les littératures du monde moderne aient produit rien de plus achevé.

J'ai rencontré aujourd'hui un homme qui ressssemblait tellement à ... qu'on aurait dit une vision. Je ne puis rendre l'impression de cette ressemblance. C'était ... c'était fou. Si je le rencontrais souvent dans le monde j'en serais fâché, car je lui ferais des avances singulières et comme je n'en veux faire à qui que ce soit. La mort, sans doute, qui frappe toutes choses d'une grande manière, la mort a donné à cette ressemblance le pouvoir qu'elle a eu momentanément sur moi. Si ... avait vécu, qu'aurait-elle produit? Cependant les ressemblances me dominent toujours, je ne sais pourquoi ; il ne faut qu'un trait, un mot prononcé comme *l'autre* le prononçait, une analogie quelconque pour que je la démêle sur-le-champ et que mon intuition me mate aussitôt. Je le disais un jour à ... qui s'en fâcha, ne comprenant pas ce panthéisme de sympathies mystérieuses. Plus une femme a de cœur, moins elle a d'étendue d'esprit. Madame de L. R. me niait cela aussi l'autre jour, ou sans le nier, le ravalait. « *Je serais très peu flattée de cela,* » disait-elle. Mais pourquoi non ? Qui donc est *vous* en *vous*, madame, pour que votre vanité dise : « Je ne veux pas que vous aimiez *cela* en d'autres qu'en moi, quoique *cela* ne soit pas différent?... » Enfin, l'influence en question est tellement grande, sur moi qu'un nom me rend plus bienveillant, et il y a des personnes pour qui je ferais beaucoup de choses parce qu'elles portent un certain nom, et sans autre raison que celle-là.

Et maintenant je ferme ce livre que je ne r'ouvrirai qu'à Caen. — La pluie tombe à torrents. — Regardé à travers mes vitres ; pas une étoile ! et le jour ne paraît point encore. Ces départs sont tristes. Je désirerais *rouler* maintenant.

. . . .
. . . .
. . . .

A Caen, 11 Octobre 1836.

Je suis depuis deux jours à Caen. Ces deux jours, je les ai passés sans les noter, mon Journal étant resté derrière moi avec une partie de mes bagages. — Je l'aurais eu, que j'eusse *voulu oublier* encore de les noter. — Ils ont été trop pleins de choses *irrévélables*.

Levé vers onze heures. — Je me lève tard parce que je lis étant couché, ce qui vaut mieux que l'agitation de la pensée, cause ordinaire d'insomnie. — Habillé.

— Descendu. — Déjeuné avec des huîtres. — Lu la dernière brochure de M. de Bonald, que je ne connaissais pas. — Écrit une longue lettre à G... — Lu les journaux. — Repris mon volume jusqu'au dîner. — Dîné. — Causerie du dessert avec Aimée*. — Fini le volume de de Bonald. — Lu de l'Anglais. — La soirée s'est écoulée ainsi. — Un temps de pluie et de vent ce soir, mais ces deux jours précédents il a fait très beau. Cependant je ne suis pas sorti encore.

12 Octobre 1836.

Une nuit pleine de rêves pénibles. — Levé souffrant à onze heures. — Feuilleté la *Correspondance* de Byron. — Habillé. — Descendu. — Déjeuné. — Les nerfs en mauvais état, par conséquent l'humeur sombre. — Lu jusqu'à trois heures avec une telle voracité que j'ai avalé un volume in-8º de 368 pages. — Les journaux sont venus. — Ils ne contenaient rien d'intéressant. — L'Espagne patauge toujours dans les mêmes horreurs. — Couché une demi-heure à cause d'une douleur au flanc. — Relevé et repris ma lecture. — Je lis avec acharnement ici. — Le passé m'y

---

* Mademoiselle Aimée Le Foulon, qui me louait une chambre pendant mes dernières années de Droit.

parle avec trop de violence pour que je m'abandonne aux impressions des lieux qui m'entourent. Je plonge ma tête dans la pensée d'autrui pour éviter la mienne, encore ne l'évitai-je pas toujours ! — Dîné. — Causé une heure avec Aimée, mais n'étais pas en train de glisser sur cette molle pente de la causerie ; — il m'aurait fallu une idée qui se fût emparée de moi et m'eût secoué, chose dont j'ai besoin. — Je suis inerte. — Cela vient peut-être de ce que, depuis mon arrivée, je n'ai pris aucun excitant. — Je ne puis plus vivre seulement de ma propre vie, quand une passion ne me *lance* pas. Cela est triste, si jeune ! mais cela tient à la vie que j'ai menée : *Old mortality*.

Je viens de lire un volume encore, mais in-18. — La soirée n'est pas avancée. Je travaillerais, si je n'avais pas l'esprit trop abattu pour écrire. — Qu'un peu de musique me ferait de bien, et j'en manque ! — Le temps est à la pluie. L'indolence me possède toujours et je ne suis pas sorti. — Ne sais même pas quand je sortirai. — Cette ville m'écrase ! Je n'aime que les campagnes de ce pays-ci.

Proverbe Écossais : *Il ne faut pas donner à un fou un bâton pointu.*

13 Octobre 1836.

Levé à neuf heures. — Moins souffrant qu'hier, mais pas bien encore. — Descendu. — Déjeuné. — Lu jusqu'à trois heures, sans m'interrompre que pour changer d'attitude, de mon lit à mon fauteuil. — Les journaux, — aussi insipides qu'à l'ordinaire. — Reçu une lettre de Gaudin. — M'apprend que Th... m'apportera l'eau Addisson demandée et les autres objets. — Repris ma lecture jusqu'au dîner. — Dîné. — Causé l'heure d'après en buvant de l'eau de vie dans de l'eau pour me remonter. — Pas sorti. — Un temps capricieux et froid. — Ma vie est d'une monotonie dont j'ai bientôt assez. — Griffonné une lettre à mon frère Ernest. — Recommencé de lire et écrit ceci dans mon lit, appuyé sur le coude, à la manière Antique. Il est tard. Différentes pensées me dominent. *Une* suffirait.

. . . .
. . . .

.

Caen. — 21 Octobre 1836.

Je n'ai rien noté ces jours-ci. Je les ai passés en lectures à peu près continuelles excepté depuis l'arrivée

de Th... Sorti avant-hier avec lui pour la première fois.
— Souffrant et triste. — Hier mieux, et même tout à fait bien. — Sommes allés à Lucque (Luc) au bord de la mer. — Nous étions six. — Promené longtemps sur les grèves. — Le temps était de la plus éblouissante pureté. — Mes nerfs se sont retrempés à ce souffle marin, plein de sels pénétrants, qui nous frappait la figure alors que nous fendions l'espace, en tilbury découvert lancé au galop. — La mer était d'une sérénité charmante, bleu pâle, sans vagues, sans frange d'écume au bord, se divisant par lames légèrement soulevées. — Je l'ai vue rarement aussi calme. — Deux voiles filaient à l'horizon, sous le soleil, gracieux triangle de lin. — L'air, ce spectacle, l'immense étendue de la côte, le bruit du flux, tous ces accidents bien-aimés m'ont causé l'impression la plus vive, une de ces impressions que la Nature nous donne et que les Beaux-Arts sont impuissants à produire... Si ce n'est pourtant une musique *forte* comme, par exemple, l'entrée de clairons dans l'ouverture de *Guillaume Tell*. — Bu l'eau salée dans le creux de ma main comme une libation de reconnaissance après tout ce temps passé en exil de l'Océan, *père des choses*, et de ses rivages!

Dîné. — Un fougueux repas de garçons, avec accompagnement de vins et d'alcools. Bu prodigieusement et resté froid et sombre au milieu de toutes ces têtes qui sautaient comme des poudrières. — Fumé, pour ma part, quatre *cigarettes*. — Revenus fort tard. — Un temps acéré de froid, mais une lune fabuleuse de clartés vives. — Le paysage superbe à quelques endroits. Hérissé de clochers Normands (Moyen Age) déliés et fins comme des aiguilles. — Fait le chemin à bride abattue. Rentrés à Caen vers onze heures. Allés au café Tison, beau nom pour un café, cet incendiaire quartier général de la jeunesse. — Joué au billard, déraisonné, et avalé trois bols de punch au kirschwasser. — Retourné vers une heure chez un de nos convives, le docteur A... — Trouvé sa sœur, délicieuse brune, au teint bistré avec des couleurs (par moments) frêles de fraîcheur comme une rose du Bengale, qui avait la patience de nous attendre. — *Rebu* du kirsch. En ai absorbé incalculablement. Pas gris pourtant. Resté là jusqu'à deux heures du matin, et pas couché avant trois.

Aujourd'hui, les nerfs sens dessus dessous, mais la vie a été plus haut que les nerfs, elle a *battu son plein*, comme la mer faisait hier devant moi, et l'intensité des sentiments a vaincu les sensations douloureuses. — J'ai passé une partie du jour avec... et nous n'eussions pas même regardé les Mondes quand Dieu les aurait mis à nos pieds ! — Les autres femmes, que sont-elles en comparaison de celle-là ? Ce qu'est la plus pâle des primevères à la plus brillante des étoiles. O Étoile de ma vie, lève-toi toujours dans mon cœur! Et maintenant, pas un mot de plus ! Je ne veux plus écrire aujourd'hui une pensée qui ne soit pas *elle* et qui fasse ombre sur son souvenir.

. . . .

. . . .

.

26 Octobre 1836.

Je suis à Saint-Sauveur depuis deux jours. — J'ai été encore mieux reçu de mes parents que je ne m'y attendais, quoique je m'attendisse à l'être bien. — Impression des lieux, nulle. — La patrie, ce sont les habitudes, et les miennes ne sont pas ici, n'y ont jamais été. — Mes malles n'étant pas ouvertes, je n'ai pas écrit.

Aujourd'hui, éveillé à sept heures. — Levé. — Fait la barbe. — Ouvert mes malles. — Rangé. — Tisonné. — Rêvassé. — Enfin, usé du temps. — Commencé une longue lettre à Guérin. — Achevé de m'habiller. — Dîné. — Causé à bâtons rompus. — Monté chez moi au crépuscule. — Achevé ma lettre. — Descendu. — M. R... était au salon. — Causé. — Ai manqué de sang-froid à cause du mouvement des idées qui m'entraîne toujours. — Quand donc ne ferai-je que ce que je voudrai, chose plus difficile pour moi que de faire ce que je veux? — Soupé. — Causé encore. — Dit des folies. — Remonté chez moi, — et vais me coucher et lire Gœthe.

. . . .

28 Octobre. Au soir.

Rien écrit hier, sans intérêt et par paresse. — Aujourd'hui éveillé à sept heures. Levé à huit et demie. — Pas de lettres, pas de journaux. Ignorance complète de ce qui se passe à Paris.

Le temps a cessé d'être beau. La pluie est tombée, et le vent du Nord siffle et flagelle. Les nuages sont lourds, et la bourgade inondée a un aspect désolé. — Déjeuné. — Monté chez moi. — Fait du feu et lu le premier volume des *Mémoires* de Gœthe. C'est un Allemand malgré tout son génie, que cet homme. — Il était devenu d'airain, une espèce de Talleyrand poète pour la sécheresse du cœur, sur ses vieux jours, ai-je lu quelque part; mais il a commencé par l'amour Allemand, l'amour contemplatif, l'amour à la Werther qui s'ébahit d'aise à regarder une *Lolotte* beurrant des confitures à des marmots d'enfants ! — Je ne suis guères touché de cette naïveté dans un grand homme. — Il y a des gens qui pleureraient d'attendrissement à cela, mais pas moi, et pourtant j'ai su aimer et être jeune aussi !

Ces *Mémoires* (jusqu'ici du moins) manquent de ce qu'en France nous entendons par *esprit*. Des réflexions assez fines y circulent de temps en temps sur l'appréciation des facultés. — Par-ci, par-là, quelques mots sur les Beaux-Arts et la Nature. — Du reste, rien qui sente *l'en-train* du génie. — Remarqué une fort belle comparaison sur les amours qui finissent : — C'est une bombe tirée la nuit : elle trace une parabole étincelante et se confond avec les astres comme un astre de plus, mais elle s'éteint et ne s'éteint que pour en tombant éclater. — Ainsi, quand un amour finit, il brise en s'éteignant. Cela est très beau, très vrai, et d'analogie très complète, et je ne me rappelle que l'idée, relevée sans doute par le style dans l'original.

J'ai été une partie du jour obsédé de mille pensées troublantes. — J'ai pu à peine les dompter, et longtemps elles m'ont dominé par la volupté et la douleur, ces deux belles filles qu'il faudrait sculpter dos à dos et nouer dans la même ceinture. — J'ai désiré et souffert. — Pensé à... Pensé à l'avenir, le long avenir, — puis à cet hiver avenir encore. — Pourrons-nous réaliser *nos* projets ?... — Ici, j'ai vécu avec *elle*. Est-ce pour cela que j'y suis poursuivi de souvenirs ?

Dîné. — Ma vie n'est qu'un mensonge. J'ai été gai ce soir. — Il est venu des hommes. Joué jusqu'à neuf heures et gagné. Des jeux magnifiques à prouver la vérité des proverbes, si j'en avais la superstition. — Encore une forte tête superstitieuse, Gœthe ! Il croyait à tous les présages et aux plus mystérieuses communications. (V. le 1ᵉʳ vol. de ses *Mémoires*.) — A neuf heures, repris une longue lettre à A... commencée. — Lui parle de ma vie ici, de M... plus jolie que jamais, mais naturelle avec moi, ce qui prouve *la finale* de l'Oubli, mélancolique et rieur enfant de la Légèreté du cœur humain. Tant mieux ! du reste ; elle sera moins malheureuse.

Écrit ceci, — et vais me coucher et lire un peu. Il est minuit et demi.

. . . .

Interrompu, et repris
le 5 Novembre.

Je ne marche que par saccades dans ce Journal. Depuis le 28, ma vie s'est singulièrement dissipée. — Visites, dîners, jeu, et au milieu de tout cela le vide du cœur et de la pensée, enfin l'existence de province. Le soir arrivait, et dans le néant de chaque jour je n'avais pas le courage de le noter.

Cependant j'ai lu et écrit, mais seulement des lettres. — G... devient d'un laconisme ennuyeux, et de Guérin fait pis : il ne répond pas. G... ne me mande rien de nouveau, si ce n'est l'arrivée de la sœur de B... et la rencontre dans le même logement de la vicomtesse A... au cou superbe de grosseur, *de force sculptée* et de blancheur bleuâtre. Nous irons chez elle probablement.

J'ai fini les *Mémoires* de Gœthe. — Beaucoup moins intéressants que je ne croyais. — Le voyage d'Italie qui les termine est beaucoup mieux, mais Gœthe y parle trop (du moins pour moi) des objets d'art, qui le préoccupaient beaucoup dans sa jeunesse. J'aurais mieux aimé des impressions d'un *autre genre*, mais ces diables d'Allemands vivent d'une vie *admirative*, et je ne comprends pas que la Critique (à part les sciences) puisse exister dans ce pays-là. On y a trop le besoin d'admirer.

Mes parents sont toujours pleins de bonté douce et d'attentions. Rien ne trouble et ne troublera, j'espère, notre harmonie. — J'avais cru trouver ma mère plus changée. Au physique, elle ne l'est presque pas, si ce n'est du front, qui a un peu vieilli.

Je vais m'habiller pour dîner. — Me suis habillé. — Lu l'*Histoire de la Révolution française* par M. de Cony. — Allé dîner chez ma tante. — Bu d'excellent bordeaux, qui n'a pas noyé l'ennui. — Revenu chez madame de... Causé avec beaucoup d'impétuosité. — Dit mille bouffonneries. — Soupé. — Écrit ceci, et vais me coucher et lire dans mon lit.

7 Novembre.

Lu hier toute la journée. — Habillé le soir. — Descendu au salon. — Un peu souffrant et d'une grande indolence. — A cause de cela, rien noté.

Aujourd'hui, éveillé à huit heures. — Pris un bain de pieds. — Lettres et journaux. — Cette folie de Louis Bonaparte est pitoyable. Ce sont là des conjurés de collège auxquels il faudrait donner le fouet... — J'aurais cru Paretto et Fialin de P... compromis dans cette échauffourée, mais ils auront trouvé cela trop bête, car j'ai vainement cherché leurs noms.

Lu Cooper dans mon lit jusqu'à onze heures. — Levé. — Habillé. — Lu encore. — Dîné. — Pas content de mon appétit, qui est toujours vorace et que je dois mater si je ne veux point gagner ce malséant embonpoint dont j'ai toujours eu horreur. — Bu de la liqueur après dîner et fumé une cigarette. — Allumé du feu et repris Cooper. — Nul intérêt dans cette lecture et à peine de l'attention. — Le souvenir de ...

me dominait entièrement et remuait en moi des flots de tristesse. — A quatre heures, R... m'a apporté une lettre qui était d'Elle. — Toujours la même, toujours ! Je n'ose penser à ce que deviendrait ma vie si ce *dernier* cœur allait changer *aussi*, mais je ne crains pas... Non ! je ne crains pas... car si je craignais, je... *Je ne le dirai point devant vous, chastes Étoiles !*

Resté sous le poids de cette lettre jusqu'à l'heure où je suis descendu au salon. — M. de Saint-Q. est venu m'offrir son tilbury pour demain. — Accepté. — Je vais à Sainte-Colombe. La marquise d'H... y sera. — La connais seulement par ouï-dire, à travers les malveillances de province qui, comme certains cristaux colorés, décomposeraient la lumière. — N'en veux rien penser avant de l'avoir vue. — Reçu ma cargaison de liqueurs et le manuscrit de *Germaine* que je ferai lire à Léon. — Fait une visite à ma tante, la mère des sept douleurs à l'en croire. — Cette femme a la fureur d'être malheureuse. — Je me suis plongé dans une excellente bergère devant un grand feu et l'ai écoutée patiemment gémir comme une Élégie, dans un état qui tenait de l'ennui et de la résignation, silencieux, les yeux à moitié clos et la main jouant avec le gland de mon bonnet de velours noir. — Rentré. — Soupé. — Pris une espèce de *grog* composé de sucre, d'eau-de-vie et d'eau chaude, un puissant digestif, j'en réponds ! — Monté chez moi. — Feuilleté certains papiers avec une inexprimable tristesse. — Aujourd'hui a été un jour fatal pour ce diable de sentiment qui amollit et par conséquent ne vaut rien. — Fini Cooper. — Vais me coucher, et de peur de cette grande souffrance trop connue et redoutée, l'oisiveté dans l'insomnie, je lirai probablement encore, jusqu'à l'arrivée du frère de la Mort, qui sans les songes dont il est rempli serait aussi beau que sa sœur Éternelle. — Il pleut au dehors et mon foyer s'éteint. *Felicissima Notte!*

. . . .

10 Novembre.

Passé les jours précédents à Sainte-Colombe. — Vu la marquise d'H..., une *inconsistent woman!* — Nul débris de Beauté : un œil flétri, un teint plaqué de blanc et de rouge, du bavardage sans esprit et des manières pleines de prétention. — Absence complète d'aristocratie enfin. — Je crois avoir déplu considérablement à la dame, car elle ne m'a pas prié d'aller chez elle à Paris, chose dont je ne me pendrai pas, connaissant comme je le fais le salon de cette catin dévote et carliste. — Elle a vu dès les premiers moments que je ne grossirais pas le nombre de ses courtisans, et j'ai imprégné le peu de paroles adressées à elle d'une forte dose d'ironie, reprenant en sous-œuvre ce qu'elle disait et l'exagérant jusqu'à l'absurde. — Après le thé, assisté à des conversations littéraires vraiment curieuses. De la critique comme celle du marquis et de la bégueule de l'*École des Femmes*. — Que ce pauvre Guérin aurait souffert en écoutant cela! Moi je riais, mais ce rire était triste. On jaugeait les bêtises. — Revenu ennuyé et avec des torrents de mépris pour tout ce que j'ai vu et entendu.

N. B. Ce qui me frappe le plus en province, c'est le faux.

Aujourd'hui, réveillé souffrant après une nuit agitée. Une torpeur plutôt qu'une douleur de tête, et des déchirements dans la poitrine. — Lu les journaux. Rien de neuf, si ce n'est le succès de Gomez et de *Las Carlistas* en Espagne, et l'arrivée du danseur Guerra à Paris, baladins parfumés et baladins sanglants. — Repris l'*Histoire de la Révolution* par M. de Cony. Mauvais livre, sans style, où respire l'esprit de parti le plus outrecuidant et où l'on vomit l'injure contre le duc d'Orléans, afin d'en éclabousser son fils. Mais vaine tentative! Cet homme sans passions n'appartient qu'à l'Histoire des temps futurs, qui rendra justice à sa prodigieuse intelligence.

Levé vers midy. — Habillé. — Joué avec les chats et les ai observés jouer. — Commencé une lettre. — Dîné, — assez bien. — Pris du vin de Malaga et du kirsch-wasser. — Sorti dix minutes dans le jardin. — Les objets extérieurs, mais surtout une pierre et un poirier qui n'ont pas changé depuis mon enfance, m'ont rappelé les jours passés. — Je m'étonnais de n'être pas ému de souvenirs qui auraient ému un autre que moi. Je ne l'ai été en remontant ainsi la chaîne de mes jours qu'en arrivant à l'époque de mon amour pour... Mais aussi ç'a été la vie pour moi et une affreuse, délicieuse et profonde vie, profonde comme les mers! — Elle m'a fait homme. — Tordre le cœur épuise les larmes de l'enfant. — Les meilleures épées (celles qui flamboient aux mains des archanges) sont tordues. Il en est ainsi de nos âmes. Quoique je devienne maintenant, je porterai les marques de cette vie passée. A moins de m'anéantir, Dieu lui-même ne pourrait pas l'effacer. —

Donné des manchettes à blanchir. — Reçu une visite de Saint-Q. — Ennuyé doublement par moi et par les autres. — Monté chez moi. — Rêvassé. — Plein de pensées qui cherchaient à déborder et que j'ai retenues, mais douloureusement, comme on retient son haleine dans son sein. — Oh! dès demain je balaierai mon esprit de ce limon du fond des eaux, en me jetant à quelque idée qui soit le souffle de toute cette écume que je veux répandre et sécher sur les grèves d'une imagination devenue aride. — Traduire, penser, étudier, attirent l'attention et la maintiennent. C'est excellent pour le tous-les-jours. — Mais quand on a de certaines facultés, *un esprit violent*, ce fragment de poète que je sens en moi, il faut parfois autre chose qu'une étude sévère. Il faut se jeter en dehors pour s'affaiblir. Il faut ouvrir les veines à cette imagination torturante et la plonger, comme Sénèque, dans le bain chaud où elle finira par mourir.

Écrit à Th... — puis à G... — puis à Léon. — Pensé à ... et aussi à Paris et à notre vie écoulée et qui ne recommencera plus, du moins dans les mêmes termes. H... est venu et m'a demandé un avis comme à un avocat. Fort heureusement, le point de Droit n'était pas difficile. M'en suis débarrassé honorablement et sans embrasser ma *cliente*, une jeune fille pourtant. — Soupé. — Causé au coin du feu avec ma grand'mère. — Souffrant toujours. Écrit ceci, et je prends l'envie de dormir.

12.

Lu. — Écrit. — Travaillé toute la journée d'hier. —

Le soir très souffrant et couché sans avoir écrit de mon Journal. — Pas sorti que dans le jardin.

J'ai commencé un conte (*Bruno*). C'est une soupape à certaines idées qui m'obsèdent. J'en écrirai un bout chaque soir. — Aujourd'hui levé toujours souffrant, après une nuit pleine d'affreux rêves. Le temps qu'il dure, le rêve est une réalité ; et après qu'il est évanoui, le souvenir n'en fait-il pas une réalité encore ?

Habillé. — Lu les journaux. — Il y avait dans les *Débats* une lettre *sur l'Espagne* infiniment remarquable. — De qui est-elle ? Je ne sais. Elle est signée A. G. — Sorti dans le jardin. Un temps meilleur qu'hier. La terre est mouillée des pluies tombées, mais du moins le soleil a brillé jusqu'à une heure d'après midi. — Rentré à cause du froid après ma promenade. — Lu et corrigé le manuscrit que je dois envoyer à Léon, afin qu'il ne se crève pas trop les yeux dans un pareil griffonnage. — Écrit ceci, et vais dîner, ce qui peut passer pour un déjeuner dans les habitudes de Paris.

Au soir.

Dîné. — N'ai mangé que des huîtres de rocher. — Lu jusqu'au jour tombant. — Pas sorti. — Rêvassé. — Réfléchi sur ma vie ici. Il me serait impossible de la faire durer longtemps, malgré l'amabilité vraie de mon père et de ma mère. — J'ai besoin de Paris, peut-être parce que je ne suis pas heureux. — En province, il faut vouloir le mouvement ; à Paris, il vient vous trouver, ce qui arrange fort un caractère aussi indolent que le mien. — Souffert de l'estomac et des nerfs. — Pris de l'éther dans de l'eau sucrée. — Continué l'*Histoire de la Révolution*. — Ma mère m'a envoyé chercher pour jouer. — Perdu. — Soupé. — Causé au dessert, mais non longtemps. — Remonté chez moi. — Écrit ceci, et vais me jeter au lit et lire.

. . . .
. . . .

21.

Interruption du Journal pendant quelques jours. — Ma belle-sœur est arrivée, et depuis ce jour j'ai dissipé mon temps sans en rien retenir. A peine si j'ai lu. — J'ai usé la vie à dire des balivernes comme une femme et avec des femmes. *Combien* vit-on dans la vie ?

Mais à présent *je retourne en grondant à mon antre*. Les premières politesses sont faites, et je ne suis pas assez intéressé par ce que je vois et j'entends pour sacrifier à cela mon besoin d'être seul et de travail.

Hier, Dimanche. — l'ait éveiller pour aller à la messe de six heures. La nuit dure encore à cette heure dans la saison où nous sommes et j'aime cette messe dans l'obscurité. On voit le jour blanchir peu à peu les vitraux de l'église; l'autel seul est éclairé par les cierges, le reste est dans l'ombre. A peine si l'on distingue les femmes d'ici, le capuchon de leurs mantelets sur leurs têtes. Tout cela a un caractère mélancolique qui me touche. C'est aussi une impression d'enfance. — Lu hier la *Revue des Deux-Mondes*. Il y avait une lettre de madame G. Sand. — Pleine de verve de style à certains endroits, mais d'un républicanisme de mauvaise tête, à la Rousseau, et d'expressions analogues, ce que j'ai en détestation et en dégoût.

. . . .

.

23. Mercredy.

Avant-hier je n'achevai pas le *Memorandum* du jour interrompu pour faire ma toilette. Comme je l'ai écrit à cette coquette d'A... *s'habiller, babiller* et *se déshabiller*, voilà une partie des graves occupations d'ici. Hier, c'était gala. Je ne mangeai point, par respect pour les femmes et pour les baleines de mon gilet, deux choses d'une égale importance. Le soir, je pris ma revanche et dévorai comme un crocodile, si bien que je m'endormis en vrai monstre repu. — Depuis que je manque de cet excellent café de Corazza, spirituel et divin breuvage, j'éprouve une véritable torpeur d'Anglais après mes repas ; c'est le pont qui conduit au sommeil.

Aujourd'hui, éveillé à huit heures. — Lu dans mon lit. — Levé. — Pas déjeuné. — Descendu au salon. — Causé et lu les journaux. — Spleenétique toute la journée. — Dîné et défendu vigoureusement mon ami G... qu'on attaquait indirectement avec la malveillance des esprits de province. J'aurais dix mille lances comme Guillaume le Conquérant, que je les romprais pour lui. — Il n'y avait là que la belle-mère de mon frère et ma belle-sœur.

Après dîner, resté quelque temps dans le salon à causer par amour de la taquinerie. — Bu du genièvre. — Monté chez moi. — J'avais laissé des lettres s'amonceler sans y répondre. Y ai répondu fort au long sans faire autre chose jusqu'à neuf heures. — Soupé. — Remonté. — Travaillé à *Bruno*. Écrit deux pages. — Le froid m'a pris, mon feu n'allant pas. Je crois que je vais me coucher et lire dans mon lit. — Le temps a été froid et vibrant de longues et tristes rafales du vent du Nord. — Je ne suis pas sorti. J'attends le sec pour me hasarder à promener.

24. Jeudi.

Éveillé à huit heures. — Lu dans mon lit l'*Organisation judiciaire*, de Bentham, livre bien fait, le meilleur ouvrage de l'auteur et qui a résisté dans mon esprit à une seconde lecture. — Habillé. — Continué ma lecture. — Les journaux ne sont pas venus aujourd'hui. — Après Bentham, lu Shakespeare jusqu'à l'heure de la toilette. — Avant dîner, reçu une lettre de ... une de ces lettres qui influent sur mon humeur le reste de la journée et qui consolent de l'ennui de vivre. — Dîné. — Sorti après dîner. — Le temps était sec. Beaucoup de vent et un soleil d'hiver. Le froid m'a saisi. — Fait une visite à ces dames D... Elles m'ont donné d'excellent café, et je suis resté à causer chez elles jusqu'à neuf heures. — Rentré. — Soupé. — Pris du grog pour animer mes esprits déjà fort excités. — Raillé ma belle-sœur. — Monté chez moi. Mon feu s'était éteint à m'attendre. — Couché. — Ecrit une lettre dans mon lit et ceci enveloppé dans mon manteau. *Bonsoir!*

Le 25.

Éveillé à huit heures. — Pas levé, écrit et lu dans mon lit. — Envoyé un billet à Alfred B... pour le prier de me prêter quelques livres dont j'avais besoin. — Pauvre B...! sa femme est extrêmement malade, il la quitte à peine. Est-ce qu'il l'aimerait assez pour que ce lui fût un affreux malheur de la perdre? Quelle vie changée que celle de cet homme! Il a à peine trente ans et le voilà éteint, calme et serein, cultivant les fleurs, un peu la musique, chérissant la solitude. Quelle série d'idées, quelle réflexion, quelle transformation intérieure l'a conduit au point où il est arrivé? Est-ce la fatigue? Je crois que la fatigue et l'ennui décident d'à peu près tout dans la vie des hommes, à une certaine période de leur existence, mais on va bien loin encore quand on est lassé !

Levé. — Lu les journaux. — Il y avait la seconde lettre sur l'Espagne, dont la première avait été si remarquable. Aussi intéressante que la première. — Reçu un billet d'Alfred B... en réponse au mien. — Sorti dans le jardin. Un temps gris et couvert, avec disposition à la gelée, que je préférerais de beaucoup aux pluies continuelles qu'il fait ici. — Commencé une *Vie de Buffon* par *Condorcet*. — J'ai envie d'étudier un peu Buffon, sous les rapports du style, quoique ce *styliste* ne m'ait jamais plu. — Mais peut-être ai-je tort? Je me romprai à cette lecture. Il faut cesser d'être exclusif, rude combat que j'ai à me livrer.

Dîné. — Un damné dîner maigre ! Nous suivons

rigoureusement ici la règle catholique. — Ai combiné du kirsch-wasser et du curaçao et ai avalé le tout en guise de digestif, ce qui ne m'a pas empêché d'avoir un furieux mal d'estomac. — Une souffrance vague, la paresse, l'ennui, m'ont fait rester dans le salon. — Il est venu du monde. — Je me suis couché, à moitié assoupi, à moitié triste, sur le canapé. — La nuit est tombée. — Des fragments de vie écoulée se présentaient à mon esprit. L'âme souffrait plus que le corps. — Après une lutte dont personne n'a pu se douter, j'ai demandé ma lampe et suis monté chez moi. — J'ai écrit une longue lettre à G... pour me soustraire à certaines idées. — Repris et achevé la *Vie de Buffon* par *Condorcet*. — *Pâteusement* écrite, avec abus de mots vagues, abstraits, sans couleur. Nulle recherche des influences de la vie sur le talent. De la critique générale sans profondeur et sans application intelligente. — En somme, une pauvre chose, comme tout ce qu'a fait Condorcet, je crois. — C'était un homme dont toute la valeur personnelle consistait dans un esprit de parti d'une énergie, d'une persistance et d'une abnégation incomparables.

Je n'ai pu veiller, je tombais de sommeil.

26. Samedy.

Éveillé à huit heures. — Lu et écrit dans mon lit jusqu'à onze. — Levé. — Habillé. — Descendu. — Pas de lettres. — Lu les journaux. — Perdu le temps à diverses choses. — Dîné. — Fumé. — Rêvassé une partie de l'après-midi. — A quoi? D'abord à... alpha et oméga de toutes mes pensées. Mais qu'elles meurent à la place où elles naissent, et que le monde, ce troupeau d'esclaves sans cœur, les ignore à jamais! — Triste, — maussade comme le temps; — des pluies éternelles et un vent de résonnances funèbres. — Payé une boîte qu'on est venu m'apporter, une solide boîte pour mes *vagabonderies*. — Fait ma toilette. — Sorti. — Passé deux heures chez ces dames D... Causé mais sans entrain. — Achevé le soir chez M. D. M. — Pas joué. — Revenu las, et couché.

27.

Aujourd'hui (comme c'était Dimanche), levé à six heures et demie pour la *basse messe* du matin. — Rêvé à bien des choses pendant qu'on la disait, toutes choses du passé. — Revenu. — Un temps de pluie comme à l'ordinaire. — Ce maudit temps ne finira donc pas? — Fumé deux cigarettes. — Causé une partie de la matinée avec ma mère, et joué avec un chat, le plus voluptueux animal qui fut jamais. — Achevé et cacheté une lettre commencée. — Dîné. — Après dîner, R... est venu m'ennuyer de ses insignifiances pédantesques. — Fumé. — Descendu le soir dans le salon. — Il est venu du monde. — Causé un peu (comme on cause en province) sans *renvoi de la balle*. — Ma belle-sœur avait les yeux fortement cernés ce soir, ce qui donnait beaucoup d'expression à son regard. — Jusqu'ici je ne l'avais pas vue aussi bien qu'hier. — Resté d'indolence jusqu'au souper dans le salon. — Songé. — Ma santé est excellente. — Raconté des histoires de spectres et d'apparitions après souper. — Remonté chez moi. — Fait causer sur beaucoup de gens du peuple connus dans mon enfance ma vieille Jeanne, une espèce de *bonne* qui n'a jamais quitté la maison de ma mère. — L'ai renvoyée à minuit et me suis couché.

. . . .
. . . .

Coutances, Samedi 3 Décembre.

La semaine entière s'est passée en dîners. On appelle cela *fêtes* dans ce pays. J'étais tellement las de ces brouhahas de chaque jour et la tête si lourde chaque soir, que je n'écrivais point et me couchais. D'ailleurs quoi écrire ? Si cette vie durait que deviendrait l'Intelligence ? Ce ne serait pas même une manière douce et bonne de se faire stupide.

J'ai joué l'Alcibiade tout ce temps. J'ai bu plus que ces Normands grands buveurs. — Ils s'étonnaient qu'un efféminé de ma taille, un damoiseau de Paris, résistât mieux qu'eux aux liqueurs fortes. — Et cela a été cependant. Mais j'ai fini, et je vais revenir à mon système de sobriété pythagorique, — sans grand effort, comme je fais toutes choses. Quand on n'a goût à rien, on laisse aisément tout.

Je suis arrivé aujourd'hui à Coutances pour voir mon frère. — Arrivé à quatre heures de matin par une tempête effroyable. — Nous sommes sur la côte et nous recevons le vent de première main. — Levé tard. — Habillé. — Sorti. — Allé chez Léon. — L'ai trouvé bien portant et heureux, heureux au delà de toute expression, — *renouvelé* sur tous les points. L'ai quitté renversé, confondu, mais enchanté pour lui que je ne peux pas ne point aimer, enchanté de le voir dans des dispositions d'âme et d'esprit d'une placidité et d'une suavité si parfaites. — Cela durera-t-il? Voilà la question qui fait *revers*. Je souhaite pour Léon qu'il y ait dans la religion et ses pratiques un élément de fixité et de durée pour les âmes comme la sienne, vives et agitées. — Il m'a demandé un livre de prières que je lui achèterai demain. Qu'il prie *par moi* et *pour moi* s'il ne prie pas *avec moi*. J'aime les prières, non que je croie à leur efficacité, mais parce que prier pour *quelqu'un*, c'est penser *à lui*.

La ville est vieille, à petites rues, à maisons basses, le tout enveloppé dans une pluie fine et dense et recouvert d'un ciel sombre et gris m'a paru d'une indicible tristesse. — Et d'ailleurs voyager (et voyager seul comme je fais, sans un être, pas même un chien, qui me suive,) me rappelle la définition de madame de Staël qui disait les voyages *le plus triste plaisir de la vie*. — N'ai-je pas laissé des morceaux de mon cœur derrière moi?

— Ai supprimé le déjeuner, — pris seulement un bouillon. — Allé voir ma tante, malade et ennuyée, — rentré. — Lu jusqu'au dîner et pas ressorti de la journée. — Pensé à... et à mes amis de Paris avec une mélancolie inexprimable. — Th... recevra ma lettre demain, — une lettre folle et railleuse autant que je suis nerveux et morose, ce soir. — Pour ne pas succomber sous le faix intérieur, continué courageusement de lire, mais l'attention lâche. — Dîné. — Ai mangé une moitié de poulet et du céleri.— Après dîner, repris ma lecture. — L'ai poursuivie dans la soirée. — Puis ai écrit à ma mère sous l'impression de ce jour d'isolement et de souffrance, mais non une lettre intime. — Depuis longtemps, je n'en écris plus les jours où j'aurais le plus besoin de confiance et d'abandon. — Tracé ce *memorandum* avec une plume d'auberge, dans une chambre d'auberge, bien nue, auprès d'un feu qui s'éteint.—Vais cacheter ma lettre, me coucher, et je lirai dans mon lit.

Dimanche. 4 Décembre 1836.

Aujourd'hui mieux qu'hier. — Les nerfs relevés et l'esprit aussi.—Éveillé à neuf heures.—Lu Shakespeare dans mon lit.—Levé.—Le coiffeur est venu.—Habillé (avant de m'habiller, j'ai écrit une lettre à madame...). Prêt à midi,—avalé un bouillon debout (mon déjeuner actuel) et sorti. — Le temps est toujours gris, bas et humide, mais il *se contient* assez (comme ils disent ici), et la pluie ne tombe qu'avec le jour, vers le soir. — Allé voir Léon. — Causé. — Madame ma tante m'a fait dire qu'elle était trop souffrante pour me recevoir. — Fait une visite à un de mes camarades d'enfance marié et qui m'a présenté à sa femme, — blonde comme du café au lait, pas jolie, mais de cette laideur qui parle aux passions infimes plus que la beauté même. — Rentré. — Ressorti pour une autre visite chez madame P... D... A dû être jolie, celle-là, quoique je l'aie vue assez confusément. — Pèche par le front qui manque d'intelligence, mais c'est peut-être là le front que doit avoir la femme. Je ne crois point, si je me rappelle bien les belles statues grecques, qu'elles aient le front développé. — Suis allé par le Boulevard. — Pas mal comme promenade, mais sans grandeur. — Revenu par la ville, une laide et ignoble ville, de par saint Patrice ! — Acheté du papier à lettres et de la cire. — Ai traversé la cathédrale qu'ils disent un morceau magnifique ; c'est possible. Je ne me connais point en architecture. Mon impression brute a été à l'avantage de cette cathédrale, parce qu'elle est vaste et que l'espace est ce qui me touche le plus dans les églises et dans tous les monuments. — Les vêpres finissaient, ce bel office catholique qui évoque en moi par l'heure et par la psalmodie des mondes de souvenirs.

> . . . Remember thee !
> Ay, poor ghost, while memory holds a seat
> In this distracted globe, remember thee !

Rentré à l'hôtel. — La pluie commençait à tomber,

une pluie dense, subtile, incessante, lente, raies de petites perles fines, mélancolique parure des jours d'hiver. — Le vent recommence de souffler sa grande plainte, sa sonore lamentation. — Fait du feu, et écrit ceci avant dîner.

Au soir.

Ai reçu avant dîner une visite de F. M. M'a prié à dîner pour Mercredi. — J'irai. — Dîné fort tard. — toujours de l'appétit, — beaucoup plus qu'à Paris; cela tient, je suppose, à la différence de l'air. — Après dîner, tombé en angoisse d'ennui et de désespoir. — Pourquoi? je ne le sais pas; pourquoi cette fièvre puisque la vie est toujours la même? — Rêvassé et bataillé contre moi. — Écrit des lettres, — un courrier énorme! — Travaillé fort avant dans la nuit et jusqu'au matin, je suppose, car j'entends les coqs chanter dans les cours. Il me prend envie de dormir.

Lundi 5.

Assez bien dormi et sans rêves, du moins pénibles. — Éveillé à huit heures et demie. — Levé. — Cacheté des lettres. — Lu Shakespeare et le commencement du voyage de Quin jusqu'à onze heures. — Le coiffeur est venu. — Habillé. — Sorti. — Porté moi-même mes lettres à la poste. — Acheté un livre de prières pour Léon. — Allé le voir jusqu'à trois heures. — Lu ensemble (c'est lui qui lisait; je ne me sens *plus* le courage de lire ce que j'ai écrit,) le commencement de *Germaine*, cette désolation des désolations. — Nous lirons ainsi tous les jours jusqu'à la consommation de ce triste livre. — Revenu chez moi. — Le temps est à la pluie, mais à la pluie furieuse. G..., un de mes camarades d'école à Caen, est venu me voir. Il vit dans les boues des environs, chez sa mère, une exigeante chienne, je m'imagine. — N'est pas trop malheureux, m'a-t-il dit, et ses joues roses m'ont bien prouvé qu'il ne mentait pas et qu'il ne connaît point l'ennui :

. . . poco spera e nulla chiede !

Vases d'élection que toutes ces coquilles d'huîtres !... Et pourquoi faire le dédaigneux du Bonheur qui suffit à d'autres? Les choses et eux sont en harmonie, ils sont dans l'ordre; nous, nous n'y sommes pas ! N'ai-je pas vu dernièrement le cousin de G... heureux aussi de promener tous les jours un chien en laisse? Celui-ci ne dépense-t-il pas son activité dans des occupations semblables? Il *tirote* des perdrix, craint les rhumes, met sa casquette à table, ne boit pas, n'embrasse que ses sœurs, et pour le moment porte le deuil de Charles X.

Après G... M. P... est venu me prier à dîner pour demain. — Il faut bien que je dîne chez lui sous peine d'impolitesse. J'y dînerai donc. — D'ailleurs il faut que j'étudie la femme de *ce sot probable* qui l'échappe belle s'il n'est qu'un niais. — Il a fait le sentimental, et moi d'emblée, moi, « indifférent enfant de la terre », j'ai bravement prêché pour mon saint, le *sans-émotion*, le *blank dead*. — Dîné. — Pourquoi, depuis que je suis ici, suis-je plus sombre après le dîner qu'auparavant? — Influence de la digestion, j'imagine. — Écrit une immense lettre à Gaudin, dans laquelle je lui fais un long portrait de ma belle-sœur, — un long portrait dessiné sans mollir avec la plume de bronze de l'Histoire et assez de verve dans l'expression. — Lui ai demandé s'il va chez la comtesse Abrial, la *Dudu* de Lord Byron, mais à trente ans.

Ma lettre écrite, relevé mon feu, — tisonné, — bu un verre d'eau et de vin, maudit breuvage, mais je ne veux plus boire d'excitants. — Marché dans ma grande chambre d'auberge. — Pensé à... Moins agité qu'hier soir à la même heure, mais pas tranquille encore. Les spectres de la vie sont les souvenirs. — Écrit un peu du *Bruno*. — Nulle abondance, nul entrain. Il est vrai que

pour aucune chose, je n'ai d'ardeur en commençant.
— Écrit ceci. — Puis *in bed !*

Mardi — 6.

Une journée dépensée en soins extérieurs. J'étais encore couché que l'on est venu me dire de la part de Léon qu'il sortirait avec moi à dix heures et demie. — Levé, coiffé, — habillé. — A dix heures et demie au séminaire. — Revenu chez moi avec Léon. — Lu ensemble jusqu'à midi. Il m'a quitté. — Porté une lettre à la poste et exploré la ville, dont je n'ai pas été plus content qu'à la première impression. — Rentré. — Fait ma toilette. — Passé jusqu'à l'heure du dîner à lire avec Léon, et lui ai laissé mon manuscrit. — Allé dîner. — Décidément madame P... est encore un très souhaitable débris de jolie femme. — La couleur de ses yeux me plaît — bleu de mer — et la force de ses cheveux châtain-clair derrière sa tête. — La bouche est ce qui aurait le plus souffert du soufflet du temps, quoiqu'elle soit jeune encore, mais malgré tout c'est une pâle turquoise fort bonne à mettre à son doigt. — S'intéressant de curiosité pour toutes choses qui tombent dans sa monotone et ennuyeuse vie et en scindent le flot obscur et lent. — En dehors de tout mouvement d'idées actuel. — Elle n'a pas lu *Notre-Dame de Paris,* l'opinion de sa *société* l'en empêchant. — Au bout de tous les actes les plus innocents de la vie, il y a toujours la balise de l'opinion de sa société que l'on ne franchit pas en province, fond de mœurs d'une hypocrisie dont on est puni par un ennui affreux. — Je comprends (quand on a du temps de reste) qu'on vienne en province passer un hiver, ne fût-ce que pour couper avec de l'ironie ces barrières de fil si respectées, ces fétus qu'on prend pour des murs de granit. — Ce fil, comme on le donnerait bientôt à retordre aux maris! Je suis sûr qu'on ferait une belle *raffle* de toutes ces pauvres créatures qui n'ont que leurs enfants à aimer. Il y a de ces baisers que j'ai vus donner à des enfants qui étaient de terribles actes d'accusation dressés contre les pères. Les garanties de la *vertu* des femmes en province sont dans le niveau général de la société, — explication des succès de garnison. — Quand il y a un scandale dans une petite ville, qui le cause? Quelque jeune homme revenu des écoles, qui tranche un peu sur le fond commun des *habitants de l'endroit* et qui cessera d'être redoutable quand il commencera de leur ressembler.

Mais qu'un homme habitué au séjour de Paris ou aux voyages (les voyageurs ont une supériorité nette sur les autres hommes aux yeux des êtres sédentaires et nerveux comme les femmes) habite six mois une petite ville, qu'il soit un peu et même extrêmement singulier dans ses opinions, mais très convenable dans ses manières (éclairant toujours ses opinions par un côté, jamais par deux, et les laissant insoucieusement tomber, la province n'aimant pas la discussion et voulant s'éviter le *dérangement* de comprendre), dur jusqu'à la férocité dans ses jugements sur les choses et encore plus sur les personnes, mais froid jusqu'au plus complet dédain (tuant avec la parole comme avec la balle, sans se passionner), grave et intellectuel (il faut cela au XIXe siècle) dans les habitudes de la matinée sur lesquelles on vous fait une réputation, mais homme du monde en mettant son habit, le soir, et faisant la guerre au pédantisme de toutes les sortes, — exprimant des opinions austères en morale avec des paroles légères et railleuses, et des *légèretés* (ne pas outrer cette nuance) avec un langage solennel, — de façon qu'on ne sache jamais où l'on en est quand on écoute, — pas gai, et ne riant jamais que pour se moquer, le rire étant alors une preuve évidente de supériorité; pas mélancolique non plus : un homme mélancolique n'est aimé que d'*une* femme, — ne faisant jamais comme les autres, parce que les autres manquent presque toujours de distinction et qu'il faut marquer la sienne non pour soi-même, mais contre eux, — se posant hardiment absurde parce qu'il y a très souvent du génie dans l'absurdité, — poétisant la beauté s'il est laid et l'humiliant s'il est beau, tout ce qu'on possède perdant de sa valeur immédiatement et les thèses égoïstes étant ridicules à soutenir, — bien tourné et ayant du regard (on se fait d'ailleurs du regard comme de la voix (à force de chanter) quand on n'en a pas), et si ces deux qualités ne se rencontrent point, toutefois et *dans toute hypothèse*, d'une élégance irréprochable et d'une vraie lutte de recherche avec les femmes. Nullement *galant* (mot qui n'est pas encore démonétisé en province) et traitant les femmes avec ce beau don de familiarité que Grégoire-le-Grand possédait, — attaquant par la vanité habituellement, et par le mépris de l'amour avec les femmes passionnées ou tendres, — tout cela relevé d'une magnifique impudence et appuyé sur une grande bravoure personnelle, et si un pareil homme n'est pas, comme dit Bossuet, un ravageur, ou plutôt une révolution battant monnaie dans toutes les chambres à coucher, j'accepte le nom d'imbécille et me crache moi-même à la figure comme observateur.

Resté la soirée chez Madame P... Elle regarde toujours son mari quand elle avance quelque chose, non par sentiment, mais par peur. — Lui ne se gêne pas et la bourre. — Elle n'a pas l'air malheureux cependant, mais on pourrait la rendre très malheureuse en lui persuadant qu'elle l'est ou doit l'être, et alors... Mais pourquoi ces pensées? — Rentré. Lu quelques papiers envoyés par Léon et un chapitre de l'*Imitation* qu'il m'avait recommandé de lire. L'*Imitation* est un livre sans saveur pour moi. — J'en sais plus long sur l'Amour que l'auteur du livre, à ce qu'il me semble. — Rêvassé. — Pas en train de travailler. — Écrit ceci et couché.

Mercredi 7. Au soir.

Levé à neuf heures. — Un temps meilleur que les précédents. — Écrit deux lettres et lu Shakespeare jusqu'à l'arrivée du coiffeur (onze heures). — Coiffé. — Habillé et allé au Séminaire. — Resté jusqu'à trois heures avec Léon, qui (Dieu merci) avance dans sa lecture. Il est profondément entré dans le second volume de *Germaine.* Revenu, et lu une heure les *Considérations sur le dogme générateur de la piété catholique* par l'abbé Gerbet, — défense ingénieuse et logique, mais dont il faudrait contester les points de départ, donnés beaucoup plus par l'Histoire que par la raison. Or, c'est par de la raison et du raisonnement que l'auteur voudrait enlever les résistances, et une fois acculé à l'Histoire, il combat de là, mais n'a plus de retranchements. — Sorti. — Dîné chez F. M. — un dîner d'hommes. — Quels hommes, bon Dieu! — Me suis ennuyé à avaler ma langue, et, fidèle à mon système de sobriété, n'ai pas bu. — J'ai été fort content de moi, car j'ai aussi peu parlé que possible et par monosyllabes. — Les convives étaient des avocats et des notaires qui ont dégoisé *adjudication* tout le soir. Du reste pas une idée, pas un mot, pas une accentuation, qui sortît du bourbier du commun. Fatigué d'observer *cela*, j'ai clos les yeux à demi (ce qui est le comble de la distraction pour moi) et j'ai pensé à autre chose. — Il y avait là pourtant le phénix du troupeau d'oisons de l'endroit, l'avocat D. D. — Physionomie spirituelle et souffrante physiquement, — mais un ton détestable, et n'a rien dit que l'on pût remarquer. Je ne pense pas que ce soit une *tête bien forte*, en le mesurant par ses opinions politiques. On m'a assuré qu'il était républicain. Que si c'est un talent de phrase, *words, words, words*, nous n'en avons pas eu aujourd'hui la moindre révélation. Il m'a adressé la parole une ou deux fois, mais j'avais résolu de fermer cette main trop souvent ouverte et de ne pas jeter la précieuse semence de la pensée aux cailloux du chemin. — Ai conservé sang-froid et empire sur moi-même, si bien qu'ils ne peuvent pas dire qui je suis, si ce n'est une taille de spectre vêtu de noir et une figure très dédaigneuse, comme le mari de Marie Stuart dans Walter Scott dont le portrait *sévère* et *gracieux* poursuit très souvent mon souvenir.

Joué toute la soirée. — Ai perdu, mais peu. — Le jeu est une bonne chose dans le monde de province. C'est un rempart. Il est moins intéressant pour soi que préservant des autres. — La femme de F. M. a presque *de l'habitude*, — elle ne *s'étale* pas trop mal dans un fauteuil. Du reste n'a que des côtés physiques sans beauté mais non sans puissance. — Sa sœur est tellement mal de toutes façons, que je n'en parle pas. — Rentré. — Repris ma lecture de tantôt et vais la continuer dans mon lit.

En répondant aux rationalistes, M. Gerbet, (dans son livre du principe générateur) toujours dans l'Histoire au lieu d'être dans la philosophie, se révolte contre l'assertion de M. Damiron que : *la première loi de la société* (à l'origine des choses) *étant d'avoir immédiatement des principes positifs d'action, il était de la sagesse divine de les lui donner en la constituant, de les lui donner par grâce prompte et spéciale. C'est pourquoi le rôle de Révélateur a dû succéder pour Dieu à celui de Créateur, non qu'à cet effet il ait pris visage et corps, etc., etc.*

M. Gerbet oppose à cela l'Histoire, les traditions, l'expérience. *L'expérience nous apprend que dans la généralité des hommes* (d'abord pourquoi ce mot : généralité?) *l'intelligence naît à l'aide du langage qui leur est communiqué, etc., etc.* (tout ce qui dérive de cette idée), et que l'hypothèse en question, inconciliable avec les lois expérimentales de l'esprit humain, implique un *miracle absurde opéré sans l'intervention d'une cause miraculeuse.*

D'abord, la cause, c'est Dieu, que les rationalistes affirment au lieu de le nier. Et quant à l'absurdité du miracle, je vais tâcher de répondre à M. Gerbet pour ma part de rationalisme.

Est-il plus absurde de poser le miracle de l'intervention de Dieu dans la conscience des hommes, à l'origine, quand ils avaient besoin de cette intervention pour exister *socialement,* que de poser le drame de la Genèse? Dieu, dans le premier comme dans le second cas, n'a-t-il pas *parlé une fois* pour toutes? Ne s'est-il pas fait *Éducateur* dans l'une et dans l'autre hypothèse, non sous même forme, mais d'une certaine manière qu'il n'a plus employée depuis? Quelle différence y a-t-il entre ces deux miracles : je les vois tous deux *nécessaires;* où donc est l'absurde? L'explication d'une origine comme celle de l'homme, c'est-à-dire d'un fort grand mystère, est hasardée dans le système des rationalistes comme des catholiques, mais au même titre, et non de manière à ce que l'un des systèmes injurie l'autre; car tous deux partent de probabilités et d'hypothèses (du moins dans ce cas-ci), et ils brusquent l'explication d'un fait obscurément connu.

Dira-t-on que le langage a fait depuis l'intelligence, et demandera-t-on pourquoi Dieu a agi d'abord d'une manière et à présent d'une autre, puisqu'il est certain que l'homme est le produit (intellectuellement) du langage et de l'éducation?

Mais c'est que justement le *miracle* était *nécessaire* et que depuis l'homme n'a plus eu besoin d'éducateur *divin* puisqu'il avait son père et sa mère. Dans l'hypothèse rationaliste comme dans l'hypothèse théologique, Dieu agissant immédiatement s'est retiré de la scène et n'a plus agi sur l'homme que par l'intermédiaire de l'homme. Pourquoi? Parce que la nature des choses et ses conséquences, la logique de Dieu, le voulaient ainsi. Dieu avait-il besoin d'agir puisque l'homme pouvait le remplacer, et la première société n'était-elle pas en germe toutes les générations de sociétés, soumises aux lois qui avaient régi la première? Dieu n'a créé *immédiatement* non plus qu'une fois. Opposera-t-on à cette création directe, immédiate, le mode de création médiate, la génération de l'homme par l'homme, et l'intelligence comme la vie n'est-elle pas le flambeau que les hommes se passent de main en main, selon l'image antique, flambeau que Dieu seul alluma et que, non par rapport aux individus (car on peut se tuer et on se démoralise) mais par rapport au monde, Dieu seul peut souffler !

Jeudi, 8 Décembre.

Éveillé à huit heures et demie. — Une journée d'averses épouvantables, un vrai déluge. — Levé. — Bien portant. — Écrit une lettre. — Fini le livre de Gerbet. — Écrit la note ci-dessus. — Le coiffeur est venu. — Habillé. — Sorti. — Vu Léon. — Restés ensemble jusqu'à trois heures. — Allé chez ma tante. — Point reçu. — Revenu ici. — Lu avant et après dîner un in-8º de 425 pages. — (Oublié de noter que je suis allé chez un libraire demander des livres). J'ai nommé cinq ou six ouvrages qu'on ne connaissait pas. — Impatienté, j'ai demandé ce qu'on avait de plus nouveau. On m'a offert *Simon*, ce qui montre où en est la lecture ici.

Moins triste que les jours précédents après le dîner. A… m'a écrit ce matin, mais ce ne peut être l'influence de sa lettre qui ait agi sur mon humeur de ce soir. — Je sentais bien que si je m'étais abandonné à certaines idées toujours promptes à reparaître, j'allais retomber ! mais j'ai évité la *perfide charmeresse* en m'occupant. — Écrit une longue lettre à madame K… à qui je l'avais promis. — Mon flambeau s'éteint et me force à finir la soirée, qui du reste est fort avancée, que je crois.

Vendredy. — 9.

Éveillé à huit heures. — Reçu une lettre de ... sur laquelle je ne comptais pas. — Levé et le cœur léger à cause, sans doute, de cette lettre. — Lu Shakespeare une heure, puis repris Quin. — Le coiffeur est venu. — Habillé. — Sorti.

Allé au Séminaire. — Léon a lu *Germaine* jusqu'à cinq heures. Il pourra finir l'ouvrage demain. — M'a donné comme souvenir le petit livre de Louis de Blois. — En le quittant, allé chez le libraire chercher les *Mémoires du Prince de Canino*. Dîné, et pendant et depuis le dîner les ai lus; — un in-8° de 428 pages. — Lucien m'a l'air d'un honnête homme et d'un niais à phrases, républicain incorrigible, ayant, comme tous les publicistes sans valeur, l'enfantillage d'une forme gouvernementale. Il prend la politique dans la métaphysique au lieu de la prendre dans l'Histoire, par conséquent admire Sieyès avec superstition, ce qui ne l'empêche pas d'être à genoux devant les grosses bottes de son frère Napoléon.

Ces *Mémoires* ne valent que par l'époque qu'ils retracent et à cause de la haute position de l'auteur. En eux-mêmes, ils n'offrent aucun intérêt. — Par Mahomet, j'en ai la tête lasse et je me couche !

> My spirits grew dull, and fain I would beguile
> The tedious day with sleep....

Samedy, 10.

Levé, — rasé, — coiffé et habillé pour dix heures. — Allé au Séminaire. — Achevé *Germaine* avec Léon. — Allé chez ma tante ; — pas reçu. — Retourné faire mes adieux à Léon. — Il *entre en retraite,* comme ils disent, et aujourd'hui passé je ne le verrai plus. — Atteint l'heure du dîner en lisant *Notre-Dame-de-Paris* (la dernière édition). Je n'aime pas cet ouvrage, quoiqu'il soit la preuve d'un grand talent, talent d'artiste et d'artiste *plastique*, procédant par masses et par détails crus, sans réflexion, sans finesse, sans philosophie. Des sauvages comprendraient cela comme un tableau de Salvator Rosa. L'un et l'autre sont de l'action.

Une idée m'est venue en lisant ce livre. Madame Dorval

a dû le lire souvent. Elle peint avec l'action de sa pantomime ce que Hugo peint avec l'*action* de son style et de la même manière. Les rapports d'imagination sont frappants.

Dîné. — Après dîner, habillé. — Mis deux cartes chez F. M. — Passé le soir chez madame P... Son mari n'y était pas, par conséquent a eu un peu plus de naturel que s'il y avait été. — Rentré. — Écrit une lettre. — Lu du Quin et écrit ceci en proie à mille distractions... je pense à ...

Dimanche, 11.

. . . .
. . . .

Lundi, 12.

Rien noté hier. Je prolongeai ma lecture très avant dans la nuit et j'étais tellement dominé par les idées que cette lecture avait remuées en moi que je me couchai sans jeter ici (plage aride) une écume des rêves qui se brisaient en mon sein comme mille vagues.

Aujourd'hui levé de bonne heure. — Lu jusqu'à l'arrivée du coiffeur. — Coiffé. — Habillé. — Lu encore jusqu'à deux heures, heure du dîner chez madame P... où j'étais invité. — Y suis allé. — Quand je suis arrivé, j'ai trouvé la maison sens dessus dessous. Le feu venait d'éclater à l'intérieur; — fort heureusement on s'en est rendu maître en jetant bas un lambris. Madame P... était dans un état d'épouvante et de renversement, les nattes de ses cheveux défaites, les yeux égarés, le teint taché d'ardentes rougeurs sur un fond livide, avec des torsions de bras et des cris perçants. — L'ai étudiée ainsi. C'était de l'effroi sans grandeur.

— Dîné fort tard à cause de cet évènement. — Il est venu du monde. — Causé et raillé. — Puis retombé dans des silences inexplicables. — Ah! qui peut répondre à tous les pourquoi? — Rentré. — Écrit un billet d'adieu à ... — On m'a envoyé mes lettres et mes journaux de Saint-Sauveur. — La comtesse de Saint-F... est morte; deux fiers yeux de moins. Je m'imaginais que Léonore Galigaï devait ressembler à cette femme-là. — Je pars demain et quitte cette infecte et stupide ville qui engendre mépris et ennui. — J'ai une immense lecture à faire (l'*Histoire de Sainte Élysabeth de Hongrie par Montalembert*) et je clos ici mon journal.

. . . .

Saint-Sauveur-le-Vicomte. 15 Décembre.

Me voici revenu à Saint-Sauveur. — N'ai rien écrit ces deux jours, la vie n'ayant pas encore repris son cours régulier. Aujourd'hui, jeté le *temps* aux quatre vents du ciel! — Levé. — Reçu des lettres. — Lu le journal, — puis la *Revue des Deux Mondes* du 1er. — Habillé. — Dîné. — Joué. — Perdu. — Il est venu du monde. — Sorti. — Fait une visite à M. R... un brave cœur. — Promené avec lui jusqu'à la montagne de Rauville. — Le temps était froid et sec, mais beau, — le ciel bleu sombre et uni à l'Orient, jaune pâle et semé de nuages noirs au centre et rouge vers les bords, à l'Occident. La lune enveloppée de vapeurs se purifiait en montant dans le ciel. La campagne était pleine de bruits sonores. Un peu de brume aux horizons, les rivières torrentueuses. — Tout en causant avec M. R... j'ai pensé à Guérin; il aurait admiré cette nature et m'en aurait fait jouir davantage. — Rentré. — Du monde dans le salon. — Défendu madame de P... qu'on attaquait injustement. — Fait une visite à ces dames D... — Rentré. — Soupé. — Lourd. — Couché.

6.

16 Décembre.

Éveillé à huit heures et levé à la demie. — Lavé. — Peigné. — Habillé. — Reçu une longue lettre de G... spirituelle et cynique. — Reçu une visite. — Monté chez moi. Remué quelques papiers et resté à rêver jusqu'à l'heure du dîner. — Dîné. — Pris du café. — Déballé des livres. — Travaillé. — Écrit à B... pour le prier de m'envoyer quelques volumes. Il n'a pas pu, n'ayant pas ses livres chez lui (mais chez son beau-frère) et sa femme étant malade et ne supportant pas qu'il la quitte, aimable exigence! Lui obéit comme un mari modèle, digne d'être conduit en laisse comme un lévrier bien appris. — Écrit une longue lettre à Apollina et fait mille choses. — Ne suis pas sorti. — Le temps a été pluvieux toute la journée, excepté ce soir. — Le soir s'est écoulé avec assez de calme intérieur. — Lu à bâtons rompus jusqu'au souper. — Soupé. — Causé. — Commencé une lettre à Th... que j'ai jetée au feu à moitié. — Lu du Buffon jusqu'à cette heure qui est celle qui suit minuit. — Vais me coucher et lire encore.

17 Décembre.

Aujourd'hui, éveillé à huit heures et lu dans mon lit jusqu'à onze les Mémoires de mademoiselle Quinault aînée, ouvrage spirituel et amusant. — Levé. — Les journaux sont venus. — Recommencé de lire jusqu'au dîner. — Dîné, — un fâcheux dîner maigre! — Joué quelques parties d'écarté et perdu. Depuis plusieurs jours je suis en veine de malheur. — Monté chez moi. — Travaillé, écrit, rêvassé. — Pensé à l'avenir et au *to be* qui commence à poindre dans tous mes horizons. — Je vieillis, car les passions intellectuelles (épithète qui n'est que d'une vérité relative) s'emparent de moi. — Lu du Machiavel tout le soir. — Soupé. — Dit mille folies; mais si l'on avait pu voir le fond de ce rire insensé! — Remonté et mis au lit incontinent. Demain est Dimanche, et contre mes habitudes tardives, je vais à la messe de six heures, avant le jour.

18 Décembre. — Dimanche.

Levé à six heures. — Allé à la messe. — Revenu. — Lu les Mémoires de mademoiselle Quinault tout le matin jusqu'au dîner. — Dîné. — R. est venu. Ne l'ai pas même écouté me bourdonner ses riens aux oreilles. — Monté chez moi. — Rêvassé au jour tombant et au coin de mon feu, ennuyé et triste. — Lu deux heures. — Redescendu. — Perdu le temps à diverses choses. — Pas veillé.

19. — Lundi.

J'ai passé la nuit dans des rêves affreux, — j'ai été rassasié d'horreurs. — Au réveil l'imagination a peine à se dessouiller des impressions de la nuit, et il reste je ne sais quelle trace dans l'esprit que la réflexion, le sang-froid, la volonté et les splendeurs du jour ne peuvent faire entièrement disparaître. — Éveillé à huit heures. — Pas levé. — Écrit mon courrier dans mon lit. — Lu les journaux. — Levé vers midy. — Fait ma toilette. — Dîné en ville chez madame D... — Après le dîner, fait trois visites. — Trouvé tout mon monde. — Passé la soirée chez mon amphitryon femelle. — Soupé. — Causé longtemps après souper. — (J'ai reçu une lettre de ...) Pensé profondément à cette lettre qui pourrait bien bouleverser mes projets. — Couché vers minuit et écrit ce Memorandum, aussi insignifiant que ce qu'il rappelle. Quel tissu de platitudes que la vie !

. . . .

. . . .

Interrompu par mon voyage à Caen.

J'ai quitté Saint-Sauveur pour tout à fait et je suis revenu à Caen. Mais ce Journal, fragment heurté, était *pendant* depuis plusieurs jours. Ils ont été passés, comme les autres, dans les soins misérables du monde, les conversations sans signifiances, les visites, le jeu, les dîners : vie fatigante dont je suis las, parce que rien ne dédommage dans les habitudes extérieures en province, de la grande tenue et du *convenable*. N'importe ! ces jours ont été vécus.

L'un d'eux (c'était Mardi), on amena (les parents, accompagnateurs ordinaires en ces sortes d'occasions) un jeune couple de mariés chez ma mère. C'était une caricature fort solennelle que ces deux noces en présence, toute cette bande d'heureux. — M. P. de V. et Mademoiselle L... (une mienne cousine, je crois,) se sont accouplés légalement et religieusement le même jour que mon frère et ma belle-sœur. — Madame de V. n'est pas jolie, mais elle a le nez busqué avec beaucoup de noblesse et d'une grande délicatesse de profil, les yeux pleins de conversation, et une belle fraîcheur de blonde. Avec cela, dix-huit ans, la beauté du diable et souvent une diable de beauté ! La gorge pas mal, mais le reste en queue de poisson, et une voix brisée comme si elle avait souffert de la vie. — Ne manque pas d'esprit, mais a mauvais ton et une naïveté d'aplomb que j'ai eu une peine infinie à lui faire perdre. — Elle a furieusement coquetté avec moi, et si j'étais fat... j'écrirais ici quelque chose. Son mari est un niais silencieux, blond fade, et raide de cravate. Il est devenu tellement maussade en voyant mon manège avec sa péronnelle de moitié, qu'on l'a remarqué et que je suis sorti avec lui dans le jardin afin que s'il me cherchait querelle, il le fît là tout à son aise. Ne m'a rien dit, à mon grand désappointement. — N'a montré sa ridicule jalousie que par le ton avec lequel il m'a donné un démenti à propos de madame Malibran. Comme j'étais sûr du fait que j'avançais et que d'ailleurs en discussion, quand j'ai la parole, on ne me désarçonne pas plus qu'un centaure, j'ai fait ployer ce dépit en révolte. — Assez intéressé ce soir-là.

Aujourd'hui 25 (et fête de Noël). — Le temps a froidi subitement, — du vent, — de la gelée, et une neige furieuse. — Je ne suis pas encore sorti. — Ai passé ma journée au coin du feu en partie avec Aimée, en partie seul. — Mal portant, les nerfs renversés, — contrarié d'ailleurs, sombre, amer, et dans une lutte intérieure perpétuelle. Moralement et quant à l'apaisement de soi-même, la journée n'a pas été perdue. Mais aussi que j'ai souffert ! — J'attendais… qui n'est pas venue : et comme Elle seule a le plus turbulent empire sur ma vie, il a fallu que le lion mordît le serpent. — Ai remué un monde de souvenirs. — Pensé à mes amis de Paris, à Guérin surtout dont j'ai relu la dernière lettre, — et lui aussi a dû être bien triste aujourd'hui par ce temps désolé d'hiver, et une causerie ensemble nous aurait fait quelque bien à tous les deux. — Ecrit une lettre à ma mère et ceci avant le dîner.

Au soir.

Dîné, — point d'appétit, — et quoique j'aie extrêmement peu mangé, souffert affreusement de l'estomac. Causé sans suite avec A… De la musique m'aurait été nécessaire, j'en manquais. — Non ! je n'aurais point autant souffert à Paris. C'est vraiment la patrie des êtres dont la destinée de cœur est perdue. — Ecrit une lettre à Léon. — Noté des lectures pour demain. Il faut que je reprenne des habitudes régulières de pensée, ou

je me tue avec la mienne. — Recausé encore avec A...,
puis achevé ce Memorandum et mis au lit, n'en pouvant plus de la journée. Ah! si je pouvais dormir sans rêves!

26. — Décembre.

Eveillé à neuf heures. — Mon sommeil est ici beaucoup plus lourd qu'à Paris. — Pas levé. — Le temps est encore plus froid qu'hier et la terre est couverte de neige. — Lu Machiavel jusqu'à trois heures (ses *Histoires florentines.*) Ai parcouru un fatras de livres que le libraire m'a envoyés. — Levé à quatre heures et demie, à la nuit. — Habillé, lavé, mais resté en négligé et en pantoufles. — Je ne veux point sortir, et d'ailleurs il fait un froid qui me coupe en deux et auquel je ne m'exposerai qu'à la dernière extrémité. — Dîné avec assez d'appétit. — Je ne fais plus qu'un repas par jour et ne bois aucun excitant. — Après dîner, lu un volume de Washington Irving que j'ai demandé parce que j'en avais vu l'éloge dans les *Mémoires* de Lord Byron. L'ouvrage que je lis est intitulé les *Contes de l'Alhambra*, écrits avec beaucoup plus d'esprit et de grâce que je n'en supposais à un Américain. — Interrompu ma lecture pour aller me coucher une heure. Singulière vie que je mène ici ! N'ai pas dormi, et me suis dévoré le cœur pendant cette heure funeste. — Relevé. — Repris ma lecture et l'ai poursuivie jusqu'à minuit et demi, — puis couché.

Je trouve dans les *Contes de l'Alhambra* : « Qu'est-ce que l'amour d'un homme errant? Un ruisseau vagabond qui caresse toutes les fleurs de ses rivages, passe — et les laisse baignées de pleurs. » N'est-ce pas joli?

27 Décembre. — Au soir.

Une nuit plus calme. — Éveillé à huit heures, — bien portant. — Lu dans mon lit jusqu'à midi. Fini Washington Irving et les autres livres que le libraire m'a envoyés hier. — Levé. — Un temps dur, — et la terre neigeuse répandant une lumière mate et *à l'envers* sous les assombrissements du ciel gris. — Je voudrais bien savoir quelles sont les maladies morales des Lapons? — Lu au coin du feu jusqu'à l'arrivée du coiffeur, — rasé, — coiffé. — Reçu une lettre de G... qui me parle de logements. Je regrette un peu mon logement de la rue de Lille, que très certainement je n'aurais pas quitté sans des raisons supérieures. — Dîné assez silencieux et dominé par les souvenirs, ces éternels adversaires. — Après dîner causé un peu avec *Amata*, mais ne me sen-

tant nullement extérieur je suis retourné à la lecture.
— Écrit un paquet de lettres tout le soir. — Suis allé moi-même les mettre à la poste à dix heures. — Les rues blanches de neige, — un ciel bas et d'un clair de lune sous-nue, — un vent du Nord qui faisait tomber des flocons des toits, — des passants enveloppés dans leurs manteaux, une ou deux femmes en pelisse et un cabriolet roulant lentement et en silence sur la neige. Revenu. — Mis à lire Machiavel. — J'ai pris faim et j'ai mangé une alouette avec un plaisir plus sensuel que je n'en prends d'ordinaire à manger quoi que ce soit. — Couché. — Lu et écrivaillé dans mon lit. — Mes journaux de Paris ne me viennent plus et j'ignore tout ce qui se passe. J'en ai fait demander ici à un cabinet de lecture parce que je ne veux pas sortir ; on me les a refusés, même pour mon argent. — O province ! province ! quand on est aussi égoïstement stupide, ne mérite-t-on pas de mourir de faim ?

28.

Assez dormi, mais toujours ces maudits rêves. — Éveillé tard. — Lu du Machiavel. Tout son second livre. Ce qui me frappe le plus dans cet écrivain c'est la noble austérité du langage et la hardiesse de la pensée. Il est vrai. — Peu importe que ses points de vue soient passionnés, mais ils sont *vrais*, et les allures de son esprit ne se masquent point sous une lâcheté hypocrite. — Il a dans le style (c'est je crois sa plus grande qualité) une rapidité d'oiseau de proie. — Bossuet a cela aussi. Il relève sa soutane violette jusqu'au genou et marche militairement dans tous ses récits (V. son *Histoire universelle*, entre autres). — Malgré la force de tête de Machiavel, il est de son pays et de son siècle, à une grande profondeur. Au milieu de ce récit à tire-d'ailes d'aigle, on rencontre, çà et là, comme plumes semées aux buissons arides, dans la course, *en droiture*, des réflexions affreusement physiques, où l'Italien du temps des Borgia se montre tout entier avec une énergie atroce. — Levé, — habillé, — descendu, — écrit et rêvassé au coin du feu. — Quel gouvernement que celui de Florence ! Jamais la dictature à un seul, mais à plusieurs ; ce qui éternisait les troubles. C'était la guerre permanente, et sur un terrain étroit. Temps effroyable, mais où l'on ne s'ennuyait pas comme maintenant. — Il n'y avait pas de société alors, mais des individus. Chose étonnante, toutes les croyances du Moyen Age étaient sociales, et pourtant l'individu tenait une plus grande place qu'à présent où il n'y a même plus de croyance que l'on puisse appeler générale. — Et l'on parle de l'*individualité !* — Ce n'est donc pas, comme l'ont cru certains penseurs, l'absence de croyances sociales qui engendre le mal de l'individualité, et la preuve en est dans l'Histoire qu'a écrite Machiavel. — Atteint le dîner. — Dîné avec assez d'appétit. — Pas sorti. — Resté seul au jour mourant. — Pensé à mille choses tristes parce qu'elles sont passées, et puis aussi à l'avenir, *cette vierge voilée,* comme l'a appelée Richter, je crois. — Aimée est rentrée. — Causé. — Écrit une lettre à madame de V... pour m'excuser de n'être pas allé chez elle dans ce voyage-ci. Je n'y aurais point trouvé sa fille, la plus douce âme qui fut jamais renfermée dans le corps le plus fragile. — Causé encore. — Point veillé. — Le temps est toujours aussi froid, ce qui influe beaucoup (avec les contrariétés du moment actuel) sur mon humeur.

Juger la vie avec son esprit et la sentir avec son cœur, récolte de mépris pour soi-même et d'amertume pour les autres.

29.

Eveillé à neuf heures. — La tête lourde et douloureuse. — Lu Machiavel. — Très vivement intéressé par cette lecture. — Levé vers midy. — Le coiffeur est venu, — l'ai renvoyé. — Écrit jusqu'à l'heure où ... est arrivée. N'a pas été là longtemps. Elle m'a paru remarquablement belle et d'ailleurs était mise comme j'aime, en noir avec un cachemire blanc, — tout simplement, mais noblement aussi. — Quand elle a été partie, ai reconnu que cette passion domptée à si grand'peine pourrait bien encore m'échapper. Quelle chose incurable que cet amour! — Ai beaucoup souffert, et pourquoi? mais souffert pendant deux heures à me rappeler les brisantes douleurs d'autrefois! — Ai passé ce temps à reprendre la direction de moi-même, empire fier et triste. Les couronnes de la force morale cachent autant d'ennuis que celles du front des Rois. — Pas sorti. — Il a fait un peu de soleil, impuissant et lugubre comme un jaune cierge des morts sur le suaire de neige de la terre. — Dîné. — Mangé vite et sans faim pour faire diversion aux mêmes pensées par un acte physique, un mouvement quelconque. — Rêvé. — Essayé de produire, mais l'esprit est resté stérile. — Pris un verre d'eau et de vinaigre de Bully comme digestif. — Lu l'ouvrage de Louis de Blois, tout entier (le *Guide spirituel*), que m'a donné Léon. Il (Léon) en fait un chef-d'œuvre. C'est possible, mais je n'apprécie pas le mérite de livres pareils. Je les lis avec une sécheresse d'âme infinie. — Or s'ils n'intéressent pas l'âme, que peuvent-ils? Ils sont muets pour l'esprit, et n'ont pas une forme assez *artiste* pour que l'imagination s'en éprenne. Je ne crois pas qu'il y ait préjugé dans ce que j'écris là, du moins je fais tout pour que le charme de la spiritualité religieuse m'atteigne, mais je n'en ai pas la moindre conscience.

30.

Éveillé à neuf heures. — Lu un volume du bavardage de madame d'Abrantès (les *Scènes espagnoles*). Comme elle a habité l'Espagne, il pouvait se trouver dans cet ouvrage quelques détails sur les mœurs du pays, et voilà pourquoi je me suis hasardé en cette lecture, malgré le sexe de l'auteur. — Les femmes saisissent souvent des nuances sociales très fines. — Mais je n'ai rien vu dans ce livre qui montrât la moindre habitude d'observation. Laissé là, dégoûté. — Levé. — Envoyé chercher des livres chez le libraire. — La *Revue des Deux-Mondes* du 15 contient la suite des articles de M. de Carné sur l'Espagne. Aussi bien que les premiers. Lu cette Revue jusqu'au dîner. — Fait coiffer et rasé, mais pas plus sorti qu'à l'ordinaire. Qu'irais-je faire dehors par cet horrible temps d'hiver et dans cette triste ville où je ne connais *plus* personne?

— L'âme assez calme, mais les nerfs sans énergie. — Dîné. — N'ai mangé que des choux bouillis. — Pris de l'éther sur du sucre, et lu tout le huitième volume du *Mémorial de Napoléon à Sainte-Hélène*. — Bonaparte, avec beaucoup d'esprit, un grand mouvement d'idées et une expression toujours pittoresque, ne savait pas causer. Il parlait et on l'écoutait, voilà tout. Vieille habitude de maître. — Qu'il devait être ridicule avant d'être Empereur ! — Dans ce monde, il y a de ces hommes puissants et déplacés, qui, n'étant pas sous le vrai jour qui leur convient, choquent par le fait de leur puissance même, et tombent sous cette moquerie légère qui est la sanction de l'égalité devant *l'usage*, cette loi de la bonne compagnie. — Louis XIV avait une démarche qui imposait, étant Louis XIV, et qui eût semblé par trop *comédienne* s'il avait été le duc de Villeroy. — Lu tout le soir, et dans mon lit, mais pas veillé, comme j'ai l'habitude, jusqu'au matin.

31 Décembre.

Éveillé à huit heures et demie. — J'observe que depuis quelque temps les premiers moments qui suivent le réveil sont beaucoup moins *angoissés* qu'autrefois. On dirait qu'il y a eu évolution. La souffrance se montre à une autre heure : après le dîner, par exemple. — Rêvassé. — Ma pensée va beaucoup aux choses du monde politique, à l'Histoire, etc., avec l'empressement qu'elle allait à la métaphysique et aux abstractions, cette première vie d'un cerveau développé fort tard. — Cette différence est-elle une transformation ? Les réalités et leur mécanisme humain s'emparent de moi avec plus de force que l'idéal. On sent que le pouvoir est dans les choses humaines, et non dans l'étroite localisation de la pensée *seule*, et enfin l'amour du pouvoir nous saisit. Même le talent poétique ou le talent du métaphysicien (les deux talents les plus indépendants des autres qu'il y ait), oui ! même ces deux talents, je ne les désirerais à présent que comme influence. — Il y a autant de faiblesse que de force dans la vie concentrée en soi-même.

Lu Machiavel dans mon lit. Je ne sais rien de plus misérable que cette Florence, toujours en désordres et tombant des Buondelmonti et des Donati aux cardeurs de laine ! Du reste, pas un homme encore, excepté Lando, mais qui n'est pas plus fort que les factions. — Levé. — Reçu une lettre de Léon, pleine de sentiments doux, aimables et sereins. — Descendu. — Écrit à ma tante. — Le coiffeur est venu. — Rasé. — Dîné, — un dîner maigre. — Causé après dîner avec *Amata* et tout en mangeant des oranges. Parlé de Guérin et de T... et de ... — Lu du *Mémorial de Sainte-Hélène* jusqu'à cette heure (dix heures et demie). Je finirai le volume dans mon lit. — C'est aujourd'hui le dernier jour de l'année. Un triste jour par un temps plus triste encore. — Pas sorti. — Encore une année qui finit, un rayon de moins autour de nos têtes! On se sent comme englouti un peu davantage, et s'il n'y avait que le temps qui montât autour de nous comme un sable mobile pour nous dévorer! Mais l'inutilité de la vie est pire encore que la vieillesse. C'est s'anéantir deux fois.

Il est onze heures. — Dans une heure, 1837. — Que nous garde-t-elle, cette année qui n'est pas encore? Oh! l'avenir! l'avenir!

. . . .
. . . .

2 Janvier 1837.

Hier, — premier jour de l'année, — pas sorti et vu personne si ce n'est... Elle est venue et a pu rester quelques heures. Aussi heureux (sans convulsion) que l'on puisse être. Cette femme ne ressemble en rien à ce que j'ai aimé ou cru aimer avant de la connaître. — N'écrivis pas le soir. Je restai enveloppé dans mes sensations.

Aujourd'hui, levé à neuf heures. Rasé, coiffé, habillé.

— J'attendais… par conséquent n'ai rien fait, pas même pensé en l'attendant. — Je dévorais le temps ; mon cœur a battu plus fort : c'était elle. J'ai la puissance de la reconnaître sans la voir quand elle s'approche et à des distances prodigieuses. — Aussi heureux qu'hier, mais pas si longtemps. — Quand elle a été partie, je suis tombé dans d'infinies tristesses. — Une lettre affectueuse et charmante de Guérin m'est venue comme un second bonheur de la journée. — Dîné. — L'Angoisse morale m'a envahi, et pour ne pas rester victime lâche sous la morsure du vautour, je suis sorti. — Toujours de la neige et en plus du brouillard. — Allé voir le poète L. F. L'ai trouvé ainsi que sa sœur, qui n'est pas trop laide, ni trop bête, mais *blue-stocking* en diable et d'une prétention qui gâte tout. — Allé de là chez la mère du *Baron*. — Revenu. — Lu une moitié de volume (le *Mémorial*, que je relis avec un intérêt qui ne s'est pas amoindri). — Napoléon avait des idées communes sur le mariage. Il regarde comme une preuve d'amour et comme une habitude fort morale de ne faire qu'un lit avec sa femme. — Une telle bourgeoisie étonne dans Sa Majesté l'Empereur et Roi. — D'ailleurs c'est presque niais de jugement et faux. — Déshabillé. — Vais me coucher et lire. — *Buena noche!*

N.-B. — J'ai des *passions* en tant que *sensations*. Je

ne crois pas qu'il soit possible de les détruire, car ce serait fait en moi si cela l'avait été. — Seulement l'important, le nécessaire, c'est de ne pas les prendre pour *guides*. Voilà à quoi doit viser tout ce que nous avons de raison et de volonté.

3 Janvier.

Éveillé à l'heure ordinaire. — Lu tout un volume de Las Cases. — Demandé des livres au libraire. — Habillé. — Descendu. — Ai trouvé... que je n'attendais pas. — Passé encore deux heures comme il est impossible de les peindre. Cela soulage de la vie présente et guérit du passé. — Mais toujours le même vide, le même besoin de s'étouffer quand... est partie. — Sans doute, la force morale gagne à cet amour trahi par le sort. Se reprendre en sous-œuvre, *brisé* et *bronzé*, faire intervenir la raison dans les exigences des passions et se résigner, au nom de l'orgueil, à la souffrance des désirs trompés, n'est-ce pas plus beau que le facile coup de pistolet ou l'engloutissement d'un calice d'opium? — L'amour, si furieux qu'il soit, d'un homme civilisé, ne peut ressembler à celui du sauvage. Dira-t-on que le sauvage aime mieux? Cela n'est pas vrai d'abord. On aime *avec* ou *contre* ses idées, *avec* ou *contre* ses habitudes ; plus on a d'habitudes et d'idées, plus donc la vie est profondément remuée par l'amour. Le sauvage n'a qu'une femelle, l'homme civilisé a une femme. Ce n'est point assez encore. Il ne l'aimerait pas, cette femme, s'il n'en faisait un Dieu. — Atteint le dîner. — Après, lu un volume de poésies (les *Confidences* de Lefebvre). A une autre époque, ces poésies m'avaient touché et paru superbes. Je les ai lues pour *assurer* mon impression. Les ai trouvées au-dessous de ce que je croyais. — J'ai un bonheur fier et triste à me trouver grandi de la tête au-dessus de toutes mes admirations. Je me propose cela pour me démontrer le mouvement... de l'esprit. — Il y a dans le livre de J. Lefebvre de l'âme quelquefois, du génie jamais ; — un style ferme, soutenu, plein de ressources et d'industrie, mais on dirait que chaque vers a été fait à part, puis agencé avec adresse. — J'aimerais mieux une inspiration plus pleine et plus insoucieuse des détails, qui se répand non par ruisseaux, mais par larges vagues. — Toute cette imagination est fort habile, savante même, mais elle se perd dans trop de recherches. — Singulier reproche ! c'est trop bien dit et à ne pas croire que le livre soit, comme l'auteur l'assure, le *Memorandum* d'une passion éprouvée. — Lu tout le soir. — Rêvé à cette poésie si terriblement coquette en parlant d'une coquette qu'elle injurie. — Écrit à Gaudin, et couché.

4.

. . . .

5.

Hier, rien noté. Ma journée s'est passée en lecture, et en lettres que j'ai écrites, — une entre autres à Guérin sur Scudo, — assez de verve et bouffonne; mais que peut-on dire de sérieux en parlant de ce *pantalon de Venise?* — Je remarque que je travaille *plus* ici qu'à Saint-Sauveur, où mes journées avaient un *dégingandé* dû sans doute à la position nouvelle que j'ai prise vis-à-vis de ma famille.

Aujourd'hui, éveillé à neuf heures. La nuit bonne, et le réveil doux. — Lu et pensé dans mon lit jusqu'à trois heures. Je me trouve très bien de cette vie *horizontale*, même pour ma santé, mais surtout pour ma pensée. Mon esprit se tend davantage, est plus attentif. — Levé, rasé et coiffé. — Écrit à Léon, qui me l'avait demandé, une longue dissertation sur la question de savoir pourquoi les œuvres de notre esprit ont une telle ressemblance avec nous. — Ai conclu que l'homme, soumis à deux éducations qui *spécialisent* la vague notion de force sous laquelle on est obligé de concevoir l'esprit humain, tire sa valeur relative de ces deux éducations : la première, celle des choses, la seconde, celle de la réflexion, c'est-à-dire de la volonté. Que plus la première a été grande, profonde, *inévitée*, ou du moins *incorrigée* par la seconde, plus elle doit laisser de sédiments dans les créations de l'esprit. De là, la ressemblance de l'œuvre à l'ouvrier. Ainsi cette ressemblance est la preuve d'une infériorité, d'une infirmité de pensée, etc. — Me suis par conséquent condamné moi-même, qui prends si souvent les choses et les hommes (quand j'écris d'imagination) par les côtés personnels à moi au lieu de les saisir par leurs côtés généraux.

Dîné. — Pas causé. — Il me faut une conversation forte, à ma taille, pour me tirer des préoccupations du moment, une gracieuse causerie ne serait point assez. — Bu du genièvre comme digestif. Nulle douleur d'estomac. — Je tuerai les tristesses sans nom en les ravalant à l'organisme. — Quelle *pierre infernale* que le mépris ! il cicatrice tout ce qui saigne. C'est le meilleur *instrument d'éducation* que l'on ait pour soi.

Il est venu du monde voir Aimée. Je n'ai rien dit et les ai laissés bavarder. — Ai repris et achevé ma métaphysique à Léon. — Couché et lu dans mon lit jusqu'à deux heures du matin.

. . . .

6.

Éveillé à neuf heures. — Lu dans mon lit et fini le *Mémorial*. — Demandé de nouveaux livres au libraire. — Travaillé, — écrit, — puis levé vers deux heures après midi. — Descendu, — écrit ma correspondance. Je suis abasourdi de lettres à répondre. — Dîné. — Lu après dîner et écrit une lettre à madame de la Renaudière, que j'ai été porter moi-même à la poste. — Un temps moins froid. Dégel. — Remis à lire, et ai continué dans mon lit.

7 Janvier.

. . Nada . . . .
. . . .

8 Janvier. — Dimanche.

Elle est venue. . . . .

9.

. .   .   .

10.

Elle est venue.   .   .   .   .

11 Janvier 1837.

Éveillé à neuf heures. — Resté au lit. — Ruminé une foule de projets, cherchant à prendre mon parti sur les *riens* de ma vie, jusqu'ici passée sans faire acte d'homme public. Cette virginité, ce *sans position*, sans précédents, par conséquent sans engagements, n'est pas une mauvaise chose à mon âge, mais pourtant il faut en sortir. Car autrement on passerait son temps et l'on consumerait sa force à attendre l'occasion d'agir. — Crois que le meilleur début avec les mœurs actuelles, la presse, les journaux, le système constitutionnel, l'absence de ces *bonnes* et affreuses révolutions qui remettent en question tous les principes et changent l'ordre des sociétés, serait un livre, mais non un livre de rhéteur ni de savant, mais d'esprit pratique sur une question du moment, sur un intérêt en péril. M. Urqhuart a saisi cela avec génie, et la publication de son livre au moment où il l'a publié démontre plus que son livre même un grand talent politique, la politique n'étant jamais que la surprise du moment présent, ce qu'il importe dans un instant donné. — Lu une Revue. — Assez amusé d'un article sur le personnel de l'Opéra avant la Révolution, par Castil-Blaze. La Laguerre (une chanteuse) est morte laissant deux millions. C'était elle qui jouant un soir Iphigénie balbutiait et flageoleait sous l'influence de nombreuses rasades, et faisait dire à Sophie Arnould : « Ce n'est pas Iphigénie en Tauride, c'est Iphigénie en Champagne. » — Repris Machiavel (son Histoire de Florence que j'avais interrompue). Achevé le troisième livre. — Levé à deux heures. — Habillé. — Reçu une longue lettre de Léon qui croit me présenter des idées neuves parce qu'il m'en recrépit de vieilles. Sa lettre est bien écrite, mais il ne répond pas plus à la question que ceux qui n'ont pas comme lui un système religieux tout fait et monté sur roulettes pour la commodité de tous les raisonnements philosophiques. — Descendu. — Continué Machiavel. — Dégoûté de cette Florence où les factions se combattent dans la même ornière, où les noms propres changent seuls. — Etonné qu'un homme n'ait pas rallié à lui tous les partis. — Pourquoi cela? Qui en empêchait? A coup sûr, ce n'était pas l'amour des Institutions de la patrie. On *les modifiait* tous les jours. Le gouvernement de Florence n'était plus le même, comme organisation, à chaque secousse, quoique son déplorable mode d'action fût conservé. Etait-ce l'amour de la liberté? Mais quelle liberté? L'éducation? Ou plutôt la vengeance si chère aux âmes italiennes? Là surtout était le talon des exils. Peut-être étaient-ce toutes ces choses combinées pour le malheur et l'ignominie d'un peuple. — Mais je crois que c'était surtout le besoin de vengeance, et encore davantage l'absence d'hommes. Côme de Médicis, si puissant dans la ville, se laisse misérablement exiler, mais qu'est-ce que ce Côme de Médicis? Un riche qui fait l'aumône, voilà tout.

Dîné. — Repris Machiavel et fini le quatrième livre. On n'avait point dans ce temps (14..) l'horreur que l'on a eue depuis pour le poison. C'était une arme comme une autre et pas davantage. Il faut voir avec quel sang-froid dégagé Machiavel dit que tel ou tel citoyen fut *avvelenato*. Ce fait si commun dans son histoire ne donne lieu ni à une parole flétrissante, ni même à une simple réflexion. — Rêvassé, puis causé. — Kally-Adèle m'a mis des papillotes de ses mains de quinze ans. N'est-ce pas sultanesque? — Couché tard.

12 Janvier.

Éveillé à l'heure ordinaire, un peu souffrant. Défaut de circulation, je suppose. — Resté au lit. — Écrivaillé, — Lu diverses choses. — Obligé d'interrompre pour me livrer à dévorer à mes pensées. Je veux les écrire pour qu'elles ne viennent plus me tourmenter, à mon chevet, comme une nuée de spectres. J'ai envie de les écrire comme le *Rêve* de Lord Byron, mais en prose, le vers est trop long à forger pour la rapidité électrique de mes sensations. — Lu Machiavel jusqu'à quatre heures. — Levé, habillé, dîné. — Toujours souffrant. — Envoyé chercher des oranges et retenir une place à la diligence pour Dimanche, jour arrêté de mon départ. J'ai la première du coupé. — Mangé deux oranges. — Lu par *far-niente* et ennui tout un volume de Millevoye, lait de chèvre tiède pour les poitrines pulmoniques, médicament et non poésie! J'ai pourtant trouvé cela bien autrefois, mais j'avais quinze ans. — Rêvassé et écrit ceci. — Travaillé pour me soustraire à moi. Commencé un Conte. — Causé, et couché.

13 Janvier.

Éveillé à 8 heures et demie. — Souffrant toujours, enrhumé. — Lu Machiavel, ma lecture habituelle dans ce moment. Ecrivain très agréable comme écrivain. D'une prose aussi ferme que prose puisse l'être sans lourdeur, d'un tissu serré, élastique comme la substance de la force, svelte, pure et leste comme la grâce et la beauté. — C'est la langue Italienne dans son expression la plus belle et la plus *vraie*, car Dante, au milieu des rayons *aubéens* du Paradis et des brasiers de l'Enfer, a des côtés opaques, de majestueuses ténèbres, et Alfieri tord l'Italien dans les tenailles d'un système. — Levé à une heure et demie. — Habillé, — rasé, — coiffé, — descendu. — Reçu une lettre de ma mère. Me demande à cors et à cris mon portrait. Mais je ne sais guères quand je pourrai le lui envoyer. En ai envie néanmoins, ne fût-ce que pour faire disparaître et remplacer celui qu'elle a dans son salon et qui ressemble à un jésuite déguisé. Je n'ai jamais eu ce *patelinage* de regards. — Essayé de travailler d'imagination. — Griffonné indignement, pas en train, et sentant une fois de plus qu'où il n'y a pas de réalité pour moi et de ressouvenir, il n'y a qu'aridité et poussière. — L'esprit fort de déduction, mais pauvre d'invention, non comme ornements, mais comme fond, comme base première. — Dîné, — lu, — écrit, — travaillé encore pour faire acte de volonté et d'attention. — Le soir s'est passé ainsi. — Point sorti. — Le temps est pluvieux.

14 Janvier.

Elle est venue. — Je lui ai fait mes adieux. — Demain je pars. — Immensément souffert. — *La blessure trop vive aussitôt a saigné.* — Le temps l'envenime au lieu de la guérir.

Paris. 17 Janvier 1837.

Je suis arrivé d'hier soir. — Aujourd'hui déballé mes livres. — Rangé. — Casé. — Ma chambre est trop petite. Je ne crois pas rester où je suis, mais je laisserai filer les deux mois qui finissent l'hiver. — Le tailleur est venu, — puis G., puis B., puis G. encore. — Causé, et mal, comme on fait toujours après les absences. Les pensées tourbillonnent, comme le sable dans un ruisseau. Un peu plus tard, le sable reste au fond et fait un lit charmant à l'eau purifiée. — Essayé de lire Machiavel, mais pas en train, préoccupé des arrangements physiques de mon nouvel appartement. — Fait coiffer, — rasé, — habillé, et attendu l'heure du dîner au coin du feu : l'âme dans la plus singulière disposition, *une tristesse sèche*. — Dîné chez Gaudin. Mademoiselle Bod... pas jolie, même laide, l'air doux et assez pensif, — la voix pas mal, mais parle peu. — Au dîner n'ai eu aucun mouvement d'esprit. — B... est soucieux, changé, et G... se bat les flancs pour rire. — Guérin est venu me prendre. — Allés tous au café. — Sortis. — Guérin et moi montés au Boulevard. — Fait une visite à Thébaut, pas trouvé. Une autre au *Baron*. — Rentrés pour lire diverses choses. — Couché à minuit parce que je ne me sens pas bien.

La comédie de Molière sans les valets ressemble à un paysage peint à la Chine. Mais les valets ne sont pas toute la comédie de Molière, comme me le disait G... ce matin. Ce ne serait plus alors un paysage peint sans ombre, mais des ombres sans couleur, ce qui n'est ni de la Chine ni d'aucun pays.

Samedy. 21.

N'ai rien noté ces deux jours; — les ai passés en visite, — à en recevoir et à en faire. — N'ai pu travailler encore. Seulement lu une partie du livre de Scudo.

— Ce matin, levé à neuf heures. — Scudo est venu. M'a fait une objection misérable contre le roman. Je lui ai montré que l'objection qu'il me faisait allait aussi à la comédie, au drame, à toutes les œuvres de l'esprit qui représentent le développement du cœur humain. J'ai fait de son opinion une Méduse, dont il a dû avoir grand'peur, lui à genoux devant les Beaux-Arts. — Reçu une lettre de ... Elle m'a apporté moins de calme et de bien-être que les autres. — Vu G... deux minutes. — Coiffé, — rasé. — Repris le livre de Scudo et l'ai achevé.

Comme pensée, le livre est fort ingénieux dans les détails. Comme forme, très irrégulier, — du haut et du bas, — la vie de l'auteur; une double langue, mais guindée plutôt que naturellement patricienne, débraillée plutôt que populaire. Comme systématisation, manque d'unité, de condensation, de point de rappel, de marche serrée et accusée vivement. Comme portée, nul.

Les observations n'y sont pas *fines;* les nuances échappent à cette nature Italienne ; l'esprit, cette chose si Française, ne s'y montre pas dans l'appréciation des faits, et surtout de ceux-là qui reculent du domaine commun dans la sphère seulement accessible aux observateurs pénétrants. La pénétration de Scudo ne se dirige pas de ce côté. Elle a lieu dans la conséquence de l'idée, c'est de la logique, c'est une déduction. C'est une course d'un point donné ; ce n'est pas du coup d'œil. La forme est fille de la forme du xviiie siècle, elle a tous les défauts de sa mère, et ils sont nombreux. Même énumération mêmes procédés en tout genre. L'auteur (je le lui ai conseillé) devrait étudier le xviie siècle.
— Nulle maturité de langage, quoique ce langage puisse être beau un jour. Un coloris fort, violent même, plein d'ardeur hâve, mais sans originalité, sans dégradation, sans application délicate. L'harmonie de la langue échappe encore. On le voit à la manière dont les phrases se ferment. L'Italien se montre à l'exagération de certaines épithètes, à la manière dont elles sont placées. Quand sur les *masses* ou sur les choses les jugements sont vrais, ils ne le sont jamais sur les individus. Entre l'auteur et moi, il y a l'abîme des noms propres.

En somme, comme forme *imagée*, l'auteur est bien supérieur à son livre en conversation quand on lui laboure les flancs de l'esprit avec les éperons d'or de la parole, et le livre n'est qu'un fragment ou plusieurs fragments produits sans doute par une intelligence *remarquable*, mais qui doit passer par des épurations successives pour mériter le nom de *distinguée*. A la place de Scudo, je ne publierais pas.

Habillé. — Je finissais ma toilette quand G. et B. sont venus. — Causé jusqu'au dîner. — Porté une Revue chez la *Graciosa*. — Dîné seul. — A Corazza après. — J'y attendais Gaudin. Y est venu avec Scudo. — Allés ensemble au Concert. Une infâme salle et une musique faible. — Revenu, l'esprit lent, la parole difficile, âpre à la formule. — Lu du Byron mais pas longtemps, et couché.

23. — Lundi.

Hier (22 Janvier, l'anniversaire de la naissance de Lord Byron), dîné avec G..., Guérin et Scudo. — *J'amphitryonais*. — Il y a eu de part et d'autre moins de verve que je n'aurais cru. Scudo amusant toujours, mais pas dans ses bons moments. Se livrant difficilement à l'ivresse physique de la table par un instinct incroyable de conservation. La panse tient une large place dans la vie de cet homme. — Gaudin a commencé par la froideur, puis s'est échauffé et a été le seul de nous qui ait été au niveau de lui-même, mais l'astre s'est levé bien tard ! — Guérin souffrait physiquement, je crois, car il a été contraint et silencieux. Ne l'ai retrouvé que sous l'impression de cette double magie, musique Italienne et langue Italienne, puis il est retombé sombre, à part deux ou trois éclats causés par la gaîté et les folies de Gaudin. — Moi aussi sans *rien qui me lance*. — Ne peux me défaire de ce serrement de cœur que j'ai rapporté de Normandie. Il résiste à tout et à moi-même. Est-ce un pressentiment de quelque malheur ? Je ne veux point le penser.

Aujourd'hui, assailli au réveil de douleurs d'entrailles très aiguës. — Levé, — beaucoup souffert. — Ai eu froid même auprès du feu. — Ai lu, mais je souffrais trop. — Ai passé jusqu'à cette heure (2 heures) à aller du coin de la cheminée à mon canapé, ne pouvant trouver de position *soulageante*. Dans cet instant où j'écris, les douleurs sont passées, mais il y a malaise, prostration, et chaleur fiévreuse dans les mains. Je ne sortirai pas.

J'ai vu hier Apollina. — Mieux de façons qu'autrefois, sans être bien encore. Et qu'on dise qu'un amant n'est pas une *nécessité sociale* pour une femme ! N'est-ce pas *l'éducateur définitif* ?...

26. Jeudy.

Mieux portant. — Lundy, ne pris que des biscuits et de l'eau de Soda. — Dîné ces deux jours, et toujours un peu lourd après le dîner. Stupeur. — Hier, allai passer le soir chez Th... Pris du thé, cet exécrable breuvage, et parlai femmes, et avec plus de sérieux que je n'en mets ordinairement sur un pareil sujet, — et de tout cela, quand je fus rentré, résulta une insomnie et de la fièvre. Ce matin, brisement d'organes et mal à la tête.

Reçu une visite de M. de L. R. C'est la première fois qu'il vient chez moi. Il est resté une demi-heure. — Ai écrit une longue lettre à ... C'est le dernier effort que je fasse pour me rapprocher d'elle; je le lui dis, et c'est vrai. Dans la ligne de mon caractère, cette lettre est, je crois, généreuse. Vis-à-vis de *toute autre*, je n'aurais point prononcé de telles paroles. Mais les souvenirs me dominent au point que j'ai cru le devoir.

Cette lettre m'a extrêmement coûté. Elle a soulevé en moi des milliers de pensées, qui se sont levées comme des atomes de poussière d'une ruine qu'on remue. — Il faut pourtant que je chasse cette triste obsession d'un passé qui n'est plus ! Je vais essayer de lire.

Lu (et maître de mon attention) jusqu'à sept heures.
— Habillé. — Sorti. — Allé dîner. — Revenu. — Vu
Gaudin qui est souffrant, et souffrant moi-même. — Rentré. — Lu et causé avec Guérin jusqu'à minuit. — Plus
souffrant encore. Influence du temps, j'imagine. Il est
humide et froid.

4 Février. — Samedy.

Rassis la vie tous ces jours. Repris des habitudes
de pensée, mais sans régularité encore. — J'attends la
fin de ce carnaval (qui pour moi a et aura été triste,
aussi triste que je me promettais qu'il serait fou) pour
classer mes heures.

Hier, envoyé mes lettres à … Promené un instant
avec G… — Dîné seul. — Mal en train. — Rentré
chez moi, et dévoré jusqu'à une heure le premier volume des Mémoires de Dubois. — Ceux-là sont la vie
privée du Cardinal, et non pas la correspondance diplomatique (pièces officielles) imprimée, je crois, en
1808, et que je trouverai à l'Institut.

Écrit des lettres, et fini les *Histoires florentines* de
Machiavel. Elles vont jusqu'à la mort de Laurent de
Médicis, un homme heureux plutôt qu'un grand
homme. — Habillé. — Toujours préoccupé de choses

douloureuses. — Le temps est beau, mais froid. — Dîné avec Guér.. chez C... Allé chez G... le soir. Allé aussi au Boulevard, mais bientôt rentré à cause du froid. — Lu jusqu'à une heure du matin.

5 Février. — Dimanche.

Pas mal dormi. — Éveillé par les rayons du soleil à travers mes fenêtres; il fait très beau, mais froid. — Reçu une lettre de Laurentie (de la *Quotidienne*), et une autre de mon frère Ernest, qui m'écrit tiraillé par sa femme, *laquelle a grand plaisir à lire mes lettres*, etc... Elle ne me juge pas, mais elle a pour moi une superstition. Du reste, une bonne femme, si son mari ne la gâte pas.

Tous ces jours j'ai pensé à B... et en ai parlé avec G. et de G. L'un d'eux bien étonné de la profondeur de mes observations. Je n'estime ni n'aime B... mais autrefois je me sentais pour lui une certaine bienveillance. Il me semblait un agréable partner dans la vie. Et maintenant non, quoiqu'il n'en puisse être un gênant non plus. Il a une trop grande faiblesse de caractère pour cela, et de cette faiblesse, comme il arrive toujours, il sera plus victime que les autres. Cependant c'est un égoïste bien *arrêté*, mais un égoïste sous forme sentimentale, ce qui n'est pas rare. Probe comme un commerçant qui le serait (cela va jusqu'à ne pas se souiller d'un fait matériel), il a des intérêts très précis et qu'il soigne avec une persistance dont on ne se douterait pas, dans un jeune homme en général, et à le voir et l'entendre, *lui*, en particulier : par exemple, il *mitonne* le célibat éternel de sa sœur, qu'il n'aime pas et qu'il câline avec une affectation ridicule, *dans tous les cas*. Du reste, c'est sa manière, à lui, quand il veut être affectueux et aimable : il devient patelin, ce qui donne à ses façons une physionomie de fausseté gauche et sotte. (Le voir quand un de ses amis arrive chez lui. Il lui prend la main et le regarde dans les yeux comme on ferait à une maîtresse.) Irrégulier comme tous les hommes sans caractère, il se cabre pour un mot et on le *rabat* avec un autre mot. Il ferait presque des excuses de s'être cabré, ce qui est la supériorité de l'homme sur le cheval. Facile à mettre hors des gonds, et brave peut-être alors mais comme il est sensible, — de l'émotion nerveuse et rien de plus, un petit mouvement de sang, qui s'apaisera comme toutes ces pitoyables activités de jeunesse oblitérées après trente-six ans. Bâti de puérilités, il abîmera sa femme de brusqueries, la traitera en enfant et sera mené et trompé par elle à la confusion de toutes ses prétentions ignorantes et têtues, et d'une prudence trop rude à soutenir quand on a un métier d'abord, et ensuite nulle force d'âme et nul ensemble. Le comble de ses *embarras* sera la jalousie, car il n'est pas capable d'une passion. En proie à toutes les terreurs, ses admirations et ses amitiés sont vulgaires. Il ne les défendrait pas devant qui les ravalerait, non par trahison, mais par crainte, moins du ridicule que de la lutte. Il a peur de l'aristocratie, bourgeois qu'il est jusque dans la moëlle de ses os. Aussi fait-il un million de choses, en elles-mêmes assez indifférentes, mais qui révèlent l'attitude habituelle de la pensée, et cette attitude est parcimonieuse, intéressée, sans grandeur. Allez! il n'y a pas qu'Harpagon qui souffle une chandelle quand il y en a deux d'allumées. Molière en attribuant cela à son avare a manqué une nuance plus fine. Un homme au sein d'une honnête abondance, nullement avare, bienfaisant même, dépensant honorablement son argent, donnant des fêtes et dilettante en Beaux-Arts, peut le faire aussi.

Il n'est pas capable de rompre avec l'homme qui le gênera le plus, parce qu'il n'est point assez décidé; il ne dénouera pas non plus, parce qu'il n'est pas assez habile.

Son esprit est tout en mémoire et ne se hausse qu'aux formules de son métier. Il avait une certaine culture, mais elle s'effacera sous la routine des affaires, des affaires qui trottent menu, car il n'a pas les reins ni la hardiesse d'un spéculateur. La rouille est déjà à cette mémoire bien trempée. Dans dix ans, ce sera, jeune encore, un vieux procureur, en radoterie, hors sa robe. Du reste, pas d'esprit et de raison, choses augustes et rares chez les hommes, mais un amour de la plaisanterie Gauloise se traduisant souvent en rabâchages, et du bon sens, vulgaire sagesse de certains personnages de La Fontaine et de Molière, par exemple, à la manière de madame Jourdain. Nulle élévation, nulle étendue, et beaucoup de mépris pour la philosophie, je ne dis rien de celle des livres, mais pour celle qui juge de haut les réalités ; par conséquent foncièrement médiocre, sans mouvement d'idées, et n'ayant pas plus d'objection à faire à un raisonnement quelconque qu'un chien qui rêve. Comme tout se tient dans l'organisation humaine, il prise la peinture. Ce sont des faits.

Lundi. 6.

Levé de bonne heure, pour moi (ce serait tard pour un autre). — Reçu des lettres, mais point de... Ennuyé et les nerfs à bas. — Lu et écrivaillé une partie de la matinée. — Le coiffeur est venu. — Continué de lire tout en me faisant coiffer. — Habillé. — Sorti en voiture, — supérieurement mené !

Passé deux heures chez madame de R... L'ai trouvée presque jolie, et rajeunie dans la plus chatoyante et électrisante robe de satin noir. — Cette mise me plaît jusqu'à l'esclavage. — Causé assez bien, — l'ai fait rougir deux fois.

En sortant de chez elle, vu Laurentie de la *Quotidienne*, une chienne de face oblique, un *archi-patte pelue* sans fourrure, et pas assez jésuite encore pour avoir une physionomie franche, ce qui est un manque d'habileté, une faiblesse misérable et commune à tous les hommes faux que j'ai rencontrés. C'est que les hommes faux sont rares, comme les hommes forts, qu'ils sont au plus haut degré possible. Il n'y a presque que des hommes à demi faux. — Ayez donc un beau et pur regard si vous voulez tromper ou du moins les prunelles de marbre, ne commencez pas comme ... par mettre la main sur votre bouche, les doigts en l'air vers le front, car il est impossible de plus *s'avouer faux* qu'en agissant ainsi, et c'est presque bête de maladresse.

Rentré de bonne heure. — Lu jusqu'au matin (le second volume de Dubois). — Couché.

Mardi. 7.

Aujourd'hui je comptais sur une lettre de ... et il n'est rien venu, ce qui a *noirci* mon humeur pendant toute la journée. Il a fait très beau, et seulement tempête de masques. Le carnaval écume dans sa folle et *fausse* gaîté, et c'est le premier depuis quatre ans que j'aie passé avec un abattement et une impossibilité de prendre part si complète. — Singulière situation que celle de cette misère qu'on appelle l'âme, à certains moments !

Lu. — Écrit. — Travaillé à bâtons rompus tout le jour. — *Lu du pouce*, comme disait si spirituellement l'abbé de Pradt (un hargneux, bilieux, amusant et caustique animal par parenthèse), l'ouvrage de Parent du Châtelet sur les prostituées de la *bonne ville* de Paris. Bêtement rédigé, mais curieux. — N'ai rien mangé de toute la journée parce que j'allais dans le monde le soir. — Passé deux heures à ma toilette, comme une grande intelligence que je suis.

Allé le soir chez madame de L. R. — Guérin et Gaudin y étaient. Ils ont dansé jusqu'à épuisement du calorique. Je les ai regardés faire, disposé à railler tout ce qui était là et jetant de temps en temps une épigramme comme on fait un ricochet sur l'eau avec un sou. Il y avait là quelques épaules au vent qui n'étaient point sans mérite, mais, hélas! toujours la queue de poisson. Pour faire la syrène tout à fait, une demoiselle Noël (j'aime ce nom), mais elle est mariée et s'appelle de je ne sais quel autre nom... mademoiselle Noël ou plutôt madame... a chanté et *pianotisé*, aux grands battements de mains de *tutti quanti*, excepté de ma maussade et indolente personne. Elle roulait des yeux en chantant, à faire frémir son pupitre et moi qui la regardais par-dessus. Coquette, pour ne pas dire un mot plus expressif, mais au dépens de la décence, que je veux strictement observer. — Ai demandé à madame de L. R. pourquoi elle ne voyait plus la Vicomtesse A. J'aurais aimé à voir les touffes de lys de ses épaules s'épanouissant sans pruderie au milieu de toutes ces rondeurs indécises, mystérieuses Phœbés de la robe hypocrite des jeunes filles ou de la robe prudente des mamans. Excepté la *Catalani* de la soirée, il n'y avait que mamans et petites filles, certain âge et âge incertain encore, le pire choix. Les femmes agréables sont dans l'entre-deux.

Sortis à trois heures du matin. — G., de G. et moi, allés souper chez Véfour. Mangé du homard, des huîtres et de l'ail, et arrosé le tout de vin de Condrieux et du Rhin. — Sortis et allés au café Véron dans un état d'animation très convenable. — N'ai pas bu d'alcools comme ces messieurs ; les ai regardés avaler du punch, obsédé de hoquets dignes de Sheridan ! — Rentré, couché et pas trop mal dormi quoiqu'il fût cinq heures du matin.

8. Mercredy.

Étonnamment bien, vu l'excès de la veille. Pris un bouillon et mangé des oranges, comme désinfectant. — Par Hippocrate ! qui prescrivait l'ivresse une fois par mois, mes nerfs sont remontés.

Ce matin, à propos d'une lettre de ... ai senti un véritable mouvement de rage. Elle me disait n'avoir pas reçu mon paquet. Je suis tombé en frénésie, et puis j'ai vu sous le pli de sa lettre qu'elle l'avait reçu après l'avoir écrite. Un changement subit — de la douleur à la joie — s'est fait en moi avec une telle violence que j'ai été obligé de m'asseoir et que je me suis aperçu que je pleurais. — C'était nerveux sans doute. — Je note cette émotion. Il y avait bien des années que je n'avais éprouvé rien de semblable.

Écrit et lu. — Je vais m'habiller et sortir. — Guérin a pris un logement dans mon hôtel. Maintenant, on nous couvrirait du même manteau, tant nous sommes rapprochés ! — La marchesa ne me répond pas, qu'a-t-elle donc ?

J'ai fait encadrer ma belle gravure de Talma. J'aime à le voir, triste et fier, avec son cou fort et doux, la fatigue du génie et d'une vieillesse anticipée autour des yeux meurtris, et sa main droite jetée à son flanc gauche comme s'il y cachait une blessure (son habituelle pose). — Sa tête me plaît mieux que celle de Napoléon.

Travaillé. — Frédéric B... est venu. Me suis *lancé* par la conversation. Fait de la politique sociale, puis parlé des relations internationales et sans divagations, la carte de l'Europe sous les yeux. — Bravement parlé de part et d'autre et pendant trois heures. — Habillé. — Dîné. — Allé chez la *Graciosa*, qui s'est penchée vers moi pendant que je lui parlais avec une singulière expression. — C'était peut-être le moment dont parle Ninon quelque part ?... Qui connaît ces énigmes organisées et moqueuses qu'on appelle les femmes ?

. . . .
. . . . . . Revenu. — Travaillé. — Lu un volume (le troisième de Dubois) dans mon lit. — Couché. — La pluie tombe à torrent.

Jeudy. 9.

. . . .

Vendredy. 10.

Reçu une lettre de S... très accentuée de vérité et très éloquente d'indignation contre un jeune officier de Saumur. Me prie d'aller chez Romagnesi m'informer des prétentions de cet officier sur une musique que S... dit être sienne. Je le croirais, mais c'est un fâcheux débat.

Reçu aussi une lettre de ma mère. — Travaillé et achevé les Mémoires de Dubois, — regrettant qu'ils ne fussent pas plus longs. — Boissière est venu. — Causé. — Me suis animé. — M'a demandé *Germaine* qu'il ne connaît pas. Lui ai confié le manuscrit, à condition qu'il ne le communiquerait à personne. Je suis las de tous ces ineptes jugements. Publié, qu'ils me jugeaillent, peu m'importe! ils auront acheté le droit de déraisonner sur mon livre.

Énervé, mou, — à cause, je pense, de ma nuit précédente. Je l'ai passée presque toute au travail, et le peu que j'ai dormi a été troublé par mille rêves. Lequel vaut mieux, de la vie ou du rêve? Hélas! je n'en sais rien.

B... parti, habillé. — Allé chez Romagnesi que j'ai vu ainsi que sa femme, grosse mère appétissante encore, coquette en diable et observatrice. Elle a dû être jolie à vingt ans. — Ils m'ont paru extrêmement sages dans leur manière de considérer les choses à propos de S... Ils ont là-dessus la même opinion que moi.

Dîné. — Ai remplacé le vin par de l'eau de Seltz. — Pris du café mais sans alcool. — Promené avec G... Rentré. — Écrit une immense lettre à S... dans laquelle je discute minutieusement ce qu'il a à gagner et à perdre en faisant un éclat. — Couché en proie à mille troubles.

Samedy. 11.

Levé vers dix heures. — Travaillé tout le jour. — Pas sorti. — De la pluie. — Le soir, allé au spectacle. La salle pleine. — Pas vu une jolie femme qui m'eût dédommagé de l'insipidité du spectacle et du jeu monotone des acteurs. — On jouait une platitude de Scribe (*La Camaraderie*). — Rentré tard. — Lu et couché. . . . .
. . . .
. . . .

Dimanche, — mais le 19 Février.

Toute une semaine passée sans rien noter. Je deviens d'une irrégularité et d'une paresse ! Cependant cette semaine n'a pas manqué d'événements extérieurs. Elle ne s'est pas écoulée au travail en face d'une table à écrire, mais beaucoup plus dans le monde ou avec le monde. J'étais inquiet du silence de … et pour me secouer je sortais de chez moi. Je ne comprends le tête-à-tête avec la douleur et l'inquiétude que sous peine de devenir fou. — Mardi, suis allé chez madame F… Causé avec une Italienne, pâle comme marbre et à cheveux blonds, décolletée avec une bravoure admirable et semblant dire avec une naïveté insouciante que nos femmes ignorent : « Puisque j'ai cela de beau, pourquoi ne le montrerais-je pas ? » — Entendu chanter madame de St. V… Une voix de femme qui ne ressemble pas aux autres voix, chose bien rare, et pourtant simple voix de femme. Un timbre inouï et qui serait vraiment phénoménal s'il avait plus d'étendue. — Le lendemain, fait une visite à madame de … Point reçu à cause de la mort de sa cousine germaine, madame A. D. V… emportée en trente jours, jeune, riche, belle, aimée, probablement heureuse. — Je la connaissais peu, mais je la voyais beaucoup. Une singulière circonstance m'avait éloigné d'elle quoique je me sentisse à son égard une grande bienveillance à cause d'*une* ressemblance, soit idéale, soit réelle. La voilà morte ! Je n'aime pas à voir mourir les jeunes femmes. Pour les hommes, cela m'est fort indifférent.

Bourdonnel est à Paris, ce dont je suis enchanté, et va y passer l'année. Je l'ai retrouvé mieux et même bien de visage, et gentilhomme jusqu'au bout des doigts. Il est de la plus rigoureuse aristocratie, ce que je ne blâme pas en sentiments et en manières, mais en raison, car cela empêche quelquefois de voir le dessous des choses. A présent que Macbeth ne combat plus entouré de ses nobles, et qu'avant de se battre on ne demande plus à un homme s'il est de bonne race ou manant, il faut faire de même avec les difficultés de la vie telle que le temps et les révolutions nous l'ont faite. Je sais qu'on peut dans son orgueil de patricien considérer de haut la mêlée et vivre à l'écart, sur sa tour, mais on n'apprend pas, et, avant tout, il faut des connaissances non spéculatives, mais pratiques, à l'homme, pour qu'il ait la valeur qu'il peut avoir.

La marchesa m'a écrit à la fin et je l'ai vue hier. Elle a pensé mourir d'une affreuse maladie de soixante jours et doit craindre les suites de la convalescence. A peine si je la reconnus hier, tant elle est changée !

Elle a perdu les *tons chauds* qu'elle avait dans le teint, et a contracté une pâleur lactée. Le pur ovale de son visage n'a point été altéré, et c'est merveille. Ce visage blanc et parfait de forme, encadré sous les ruches d'un bonnet qui ne laissait pas voir de cheveux et un gracieux chapeau *lilas* (elle rentrait de la promenade), était d'une beauté de souffrance admirable. Mais cette grande et superbe taille brisée, maigrie, courbée, semblait flotter dans les draperies et les fourrures dont elle était enveloppée et comme accablée. Une quinte de toux accompagnait chaque parole, mais cette parole n'était ni plus rare, ni moins vive qu'autrefois. La main avait conservé son geste, et l'énergie morale, ce produit qui s'ignore et brut d'une organisation magnifique et gâtée, survivait noblement au désastre. Il y avait en elle je ne sais quelle grandeur triste; triste quand on songe à ce qu'elle est et à ce qu'elle aurait été, si dès son début dans la vie elle avait trouvé un cœur de chêne qu'elle n'eût pas *fatigué* et *éreinté* de son amour.

Levé de bonne heure. — Pris du café. — Ecrit des lettres et ceci. — L'esprit ferme et les nerfs moins anéantis que les jours précédents à la même heure. Influence du café, je crois. — Je vais m'habiller et dîne chez Gaudin.

16 Mars. — Samedy.

L'ennui me repousse aux mêmes choses. Voilà bientôt un mois que je n'ai rien écrit de mon insipide vie. — Suis sorti et n'ai pas beaucoup travaillé pendant ce temps que voilà passé, Dieu merci ! — Je me suis occupé des intérêts des autres plus que des miens, ce qui n'est pas digne d'un aussi égoïste personnage que moi. — Assez souffert au milieu de tout *cela*, mais *ceci* ne manque jamais et c'est la seule chose (la souffrance) sur laquelle je n'aie pas l'avantage d'être *blasé*.

Hier, j'ai passé une heure et demie avec Hugo et chez lui. — Désirais depuis longtemps le connaître, et ne voulais pas faire vis-à-vis de lui une de ces démarches banales, le supplice des célébrités. Une affaire grave et non personnelle, l'affaire de S..., m'a été l'occasion que je cherchais sans la faire naître. Il m'a paru clair, net, simple, mais sans aucun trait dans la conversation. — Comme nous causions d'*affaire*, peut-être est-ce cela qui l'a empêché de montrer un peu du poète; du reste il était bien ainsi, mais pas assez homme du monde dans les manières, n'ayant ni de l'aplomb ni du geste que j'aurais désirés en lui et qui, dès les premières paroles, toujours vulgaires sous leur *effacé* d'élégance, classent un homme et le classent haut. — Sa tête ressemble beaucoup à ses portraits, mais n'en a pas le regard *rectangulaire*. Le front est la seule chose vraiment belle et poétique qu'il ait. Le teint s'empourpre vaguement, mais uniment partout, et l'embonpoint commence à se montrer. — Il est petit et se pose comme Bonaparte. Ce n'est plus une affectation, mais cela en a été, à l'origine, probablement.

Allé au Concert le soir, mais il y avait une telle foule qu'après avoir fait le tour de la salle, je suis sorti. — Pris du thé chez Gaudin.

Aujourd'hui, passé mon temps à écrire des lettres. — Ne peux aller ce soir chez madame... où cette Piémontaise aux cheveux blonds doit me chercher, si elle me cherche. Mais je le crois. — Écrit un billet pour m'excuser, et un autre, coquet et à moitié tendre à madame de... dans lequel j'accepte son invitation à dîner Mardi prochain. Demain, je dîne avec Bourdonnel. — Le temps que je n'ai pas mis à ma correspondance, j'ai regardé d'assez beaux camées antiques que l'on m'a apportés ce matin. En achèterai-je quelques-uns? Je suis fort tenté par une pierre gravée sur laquelle est représenté ce fripon de Mercure, le dieu des maquereaux, et je crois, en consultant ma force d'âme, que je ne résisterai pas à la tentation.

Il y aura juste huit jours demain que j'ai rompu

avec T... après une amitié de sept ans. C'est la première fois de ma vie que je n'aie pas le moindre tort à me reprocher vis-à-vis de quelqu'un. — Nous voilà brouillés cependant, et depuis ces huit jours, tout n'a-t-il pas marché dans ma vie de la même façon?

Le temps est triste et pluvieux. — Vais essayer de lire jusqu'au dîner.

Au soir.

Dîné. — Au café. — Pas pris d'excitants. — Sorti. — Allé acheter une bague, — une mystérieuse bague verte dont je me suis encapricé ces jours derniers. — Causé un instant avec C. M. au Boulevard. — Rentré. — Lu du Rousseau. Quelle polémique éloquente que la sienne! Mais quelle ignorance du monde, qu'il n'a vu que de derrière la chaise de celui à qui il donnait une assiette.

Couché à minuit.

Lundy 13.

Hier ai reçu un billet de la marchesa qui m'invite à dîner pour aujourd'hui. Y ai répondu. — Habillé,

— Sorti. — Dîné avec B... et de G... chez Véfour; au Concert le soir.

Aujourd'hui, bien portant, mais sans application au travail. — J'ai cette jeune J... dans les yeux : charmante et suppliante gazelle. Je la vois trop. — Je suis bien sûr de ne pas aimer une autre que ... mais la tête n'est-elle pas accessible à l'ivresse?

. Lu un projet d'alliance commerciale entre la Suisse, la Belgique et l'Espagne. (*Revue des Deux-Mondes*, 1ᵉʳ Mars 1837). — Ennuyé. — Vais m'habiller et sortir. — Je voudrais me fuir aujourd'hui.

. . . .
. . . .
. . . .

14 Avril.

J'avais laissé là ce Memorandum et je ne l'aurais probablement pas repris. Mais G... souhaite que je le continue, et je le ferai si cela peut lui faire plaisir. Quand on intéresse quelqu'un en agissant de la manière la plus insignifiante, voici que cette manière insignifiante signifie et que l'on s'intéresse d'intéresser. Diable de vanité! Pivot sur lequel nous tournons sans nous détacher! C'est toujours elle quand on croit que ce n'est plus elle. Mais assez de réflexions, voyons!

Qu'ai-je fait hier? — Passé ma journée assez sottement, excepté deux heures avec madame de ... qui m'a donné des pastilles et qui rougit si souvent quand je lui parle. La rougeur n'a pas d'âge chez les femmes. — Aujourd'hui, levé à dix heures. — Ecrit des lettres jusqu'à deux et en plus déjeuné; car je suis livré depuis quelque temps à toutes les horreurs de la vie physique. — Vais essayer de travailler.

Au soir.

Travaillé assez bien jusqu'au dîner, excepté le temps passé aux minauderies avec la petite J... cette grâce blanche. — Dîné. — Au café. — Puis au Boulevard avec G... — Causé avec C. et E... — Revenu. — G... a fait sa toilette et s'en est allé chez Berryer, faire le lévrier de ... Fat à proportions grossissantes, ce soir. Qu'il aille! — Moi j'aime mieux m'entourer d'une robe de chambre et passer la soirée dans la solitude de mon appartement en désordre. Je n'ai *plus* la curiosité et je n'aurai jamais, pour *lui-même du moins*, l'intérêt du monde. G..., lui, a tout cela. Le monde! oh! on lui demande toujours plus qu'il ne saurait donner.

Travaillé. — Lu du Flassan. — Il est près d'une heure. Je me couche et lis dans mon lit.

16.

Hier, levé à dix heures. — Ecrit à ..., puis travaillé. — B... est venu, mais il m'a laissé continuer mon travail, et du moins je n'ai pas répandu mon temps *par terre* comme un vase plein que l'on renverse, quoique mon temps, vanité à part, ne soit pas une si précieuse liqueur! Travaillé donc jusqu'à cinq heures et demie. — G. et G... sont venus. Causé. Donné les meilleurs conseils à G... et dont l'indolent et défiant personnage ne profitera pas. — Madame de ... veut un Sigisbé à toute force. Je le serais pour un hiver, après quoi je romprais si cela m'ennuyait! G... veut aller dans le monde l'hiver prochain; ne lui serait-il pas agréable d'y trouver sa beauté, sa reine? Mais aussi pourquoi est-il amoureux d'un autre côté? Drôle de petit amour, enfant transi et quelquefois fiévreux! Pourrons-nous l'élever et en faire le bel adulte qui soumet tout? *It is difficult!*

Point dîné, seulement pris du café pour atteindre

l'heure d'un petit souper avec C. — Le souper était bon et nous avons passablement bu, mais des vins légers, des vins de femme, qui s'en vont tout en mousse et ne laissent pas de flamme au front! Excepté une bouteille de vin du Rhin, ce sang profond et pur d'un astre (le soleil) que l'on se coule dans son sang de mortel pour doubler la vie et embrâser la pensée! Vin d'homme, il ne doit être touché que par des lèvres viriles et ne circuler que dans de mâles poitrines. Lit digne de ce torrent qui s'épanche du firmament dans les grappes ambrées et qui passe à travers les coupes pour tomber dans l'abyme de nos veines, comme le Rhin à Schaffhouse, cet autre fleuve, mais ni si brûlant ni si beau!

Le souper assez gai. C... toujours d'un ton parfait et étonnant, gracieuse et taquine. Moi, comédien ce soir et de peu d'impression intérieure, mais d'une vie facile et douce avec un degré d'animation très convenable, et G... ah! G... gris et tendre, devenant de plus en plus tendre et de plus en plus gris, soutenant avec des yeux voilés et d'une voix entrecoupée qu'il n'a jamais été si froid et si capable de raisonnements et même de calcul, ce qui ne l'a pas empêché de ne pouvoir compter jusqu'à cinquante francs. Mais le γνῶθι σεαυτόν n'est point du domaine des ivrognes. — Revenu à minuit chez moi. Mon arithméticien bachique au lieu d'un *Bezout* avait plus besoin d'une cuvette, mais ce matin il va à merveille, grâce aux nombreuses ablutions de thé.

Aujourd'hui, reçu une lettre de ... Écrit ceci et vais lire. Probablement, je ne sortirai pas.

. . . .

12 Juin.

Nous voici au 12 Juin. — Guérin m'a quitté hier. Je lui ai promis un Journal de mes jours pendant son absence. Je le ferai, quoique j'aie perdu et n'aie pu poursuivre déjà à sa prière l'habitude de noter des jours de plus en plus ennuyés.

Après le départ de G... rendormi. — Levé à neuf heures. — Coiffé. — Habillé. — Un temps superbe mais orageux. — Été chez Ap... à midi jusqu'à une heure. Toujours souffrante, elle est au lit. — Revenu chez moi et descendu avec Bourdonnel jusqu'à la rue de Louvois. — Pris un cabriolet et fait conduire chez la marchesa. — Passé ma journée avec elle. — Parlé du Vicomte de B... de manière à justifier l'estime d'instinct que j'avais pour cet homme. — La marchesa *duelliste* comme toujours et comme nous disons, mais ayant, au milieu de tout ce qui est vrai et faux en elle, de singulières tristesses, — des tristesses grosses d'avenir. — Après dîner, allés au spectacle tête-à-tête, en avant-scène et seuls, chose divine quand on aime, et simplement la plus charmante des humaines quand on n'aime pas et que l'on est avec une femme — distinguée et coquette pour vous.

Suis allé la reconduire. — Fait jeter au Boulevard de Gand. — Vu personne, et pris un bouquet de roses. — Rentré à une heure du matin. Pas lu.

Aujourd'hui, sur pied à neuf heures et demie. — Commencé une longue lettre à ... — Bourdonnel et G. sont venus. — Lu jusqu'à cette heure (quatre heures) la *Conquista de Mejico* par don Antonio de Solis, — et griffonné ceci.

Repris Antonio de Solis et Byron jusqu'au dîner. — Dîné seul et chez moi. N'ai pas mangé de viande, du poisson. — Coiffé. — Habillé. — Sorti. — Allé à Corazza attendre Gaudin. — Promené en causant au Palais-Royal et au Boulevard. — Allé chez Daune. Fait rougir sa femme, le diable sait pourquoi. — Bu une limonade au Café de Paris en lisant la Chronique. — Rentré. — Il est une heure. — Las de corps et encore plus d'âme. — Bonsoir.

13 Juin.

Levé tard. Les nerfs en mauvais état, influence du temps orageux que nous avons dans ce moment. — Fini le courrier et reçu une lettre de Scudo qui m'annonce sa brochure. Quelle *juvénilité* dans la tête de cet homme, puisqu'il a l'enthousiasme d'un début littéraire, et qu'il met de l'importance à un livre ! Bourdonnel est venu. — Causé une heure. — Puis G... puis B... que je taquine en faisant encore plus l'aristocrate que je ne le suis. — Lu à bâtons rompus jusqu'au dîner. — Après dîner, tombé dans la tristesse. — Souffert. — Lu de l'espagnol, — cette sotte histoire de Solis. — Le libraire m'a envoyé des livres, — une brochure politique sur M. de Talleyrand. — L'ai lue attentivement jusqu'à deux heures du matin. Mauvais ouvrage, mais que j'achèverai parce qu'il soutient par l'intérêt qui s'attache à Talleyrand. Rien de neuf. La vie politique que tout le monde sait, et deux ou trois rouerics de femme. — N'est amusant que quand il rapporte les calomnies du temps, les calomnies étant une manière de juger un homme, une espèce de *large justice*, comme disait Bacon. — Couché.

14.

. . . .

15 Juin.

Éveillé à huit heures. — B... et de B... sont venus. Causé du passé, de V. F. notre camarade de collège ; et assez de verve de côté et d'autre. — Le temps a filé ainsi. — Me suis levé à une heure. Fait ma toilette. — Supprimé le déjeuner et passé chez la marchesa jusqu'à cinq heures et demie. — Revenu et dîné chez G... fenêtres ouvertes et sous les yeux de très jolies filles, ma foi! qui logent en face. — Après dîner descendus chez Obermana. — Avalé la moitié d'un grog à la glace. — Ai été surpris par un horrible spasme d'estomac et suis rentré chez G... sur le point de m'évanouir, — ridicule chose! Une heure de canapé m'a remis. — Le temps orageux. Un peu de pluie, mais ni plus ni moins que ce qu'il en fallait pour laver le ciel. — La lune s'est levée dans un fond pur et d'un bleu humide, et Gaudin et moi nous sommes promenés au Boulevard dans toute sa gloire. — Une

singulière aventure de femmes! — Rentré fort tard, car
Gaudin m'avait quitté. — Mal en train physiquement
et de fatigue. — Ne sortirai pas demain.

16.

Accompli les résolutions de la veille. Pas sorti.
— Resté tout le jour dans l'ombre des persiennes. —
Travaillé. — Lu. — Noté. — Écrit un monde de lettres.
— Lu la *Revue des Deux-Mondes*. — Il y a une charmante bluette d'Alfred de Musset: *Un caprice*. C'est
léger et joli comme la chose. — Causé avec G... ce
soir. — Repris mes lettres et écrivaillé jusqu'à deux
heures du matin.

Samedy. 17.

Levé tard, — les nerfs assez fermes. — Travaillé. —
Reçu et relu (car je la connaissais manuscrite) la brochure de Scudo. Bien écrite, si l'on veut, mais d'un
style qui ne me plaît pas, imprégné de ce Rousseau
que j'abhorre. La pensée en est vraie et paraîtrait
plus piquante si la terminologie philosophique actuelle
ne la vulgarisait pas.

Ecrit à B... pour la pétition de G... — A trois heures fait ma toilette. — Porté la *Revue* chez la *Graciosa*. — Allé chez Gaudin où j'ai dîné. — Après dîner joué de la prunelle à la fenêtre. — Puis entraîné G... au Cirque. — Dans le public (fort nombreux pourtant) il n'y avait pas une femme à regarder, mais j'ai été assez content du physique d'une *écuyère* aux formes de Diane chasseresse. Du reste, j'ai toujours aimé ces sauteuses-là. Elles m'impressionnent beaucoup plus (physiquement) que les plus belles actrices du monde avec un talent supérieur. — J'excepte madame Damoreau, la plus belle des belles et même des rêvées et pour laquelle... Mais je ne veux pas écrire cette folie-là.

Revenu du Cirque. — Fait un tour au Boulevard. — Rentré. — Couché, et lu dans mon lit.

18.

Levé de bonne heure. — Habillé. — Une pluie pressée et lente. — Monté en voiture et allé au faubourg Saint-Germain chercher des livres. — Lu en chemin une lettre de G... qui s'ennuie de sa dédaigneuse aimée aux pieds de son amoureuse dédaignée, et *ecco la vita!* — Pris des livres. — Passé chez Thébaut, qui est le moins chez lui des hommes. — Allé au bain, —

froid et long. — Avalé un verre de madère, vieux comme le diable et bon. — Déjeuné avec appétit chez moi. — B... est venu me demander d'assez sots conseils. Il paraît qu'il a rencontré une beauté fabuleuse et une innocence, rare comme un mariage d'inclination! Nous la verrons du reste et nous jugerons du coup d'œil de l'historien. — Allé chez la marchesa. Son mari est revenu. Passé deux heures avec eux et le vicomte de B... — Revenu. — Dîné chez Gaudin tête à tête comme autrefois. — Allés ensemble au café. — De là chez madame de L. R. — N'y était pas. — Remonté au Boulevard. — Allé chez la maîtresse de Th... Rentré. — Lu et couché.

19.

Aujourd'hui, reçu ces MM. de B. et B. dans mon lit. — Quand ils ont été partis, levé, par conséquent assez tard. — Travaillé sans désemparer jusqu'à sept heures du soir. Toujours de l'Histoire et de la politique, et vais me mettre décidément aux matières de finance. — Sept heures, un coup de peigne, habillé, sorti. — Allé chez Ap... J'espérais la trouver seule, et son frère n'était-il pas là? Resté pourtant d'ennui, d'indolence et de chaleur. — Revenu, un temps divin de beauté bleuâtre et serein, rien rencontré. — Rentré. — Ecrit diverses choses et couché à deux heures et demie du matin.

20.

Levé à dix heures. — Déjeuné. — Écrit. — Lu et travaillé jusqu'à trois heures. — Habillé. — Sorti. — Allé chez la Denau pour des manchettes, — puis chez la Geslin pour faire mettre du vinaigre dans mon flacon. — De là chez G... où j'ai dîné. — Fait une visite à Sainte-Br... et à Th... Pris des livres au faubourg Saint-Germain. — Rentré et lu une partie de la nuit.

Oublié de noter que j'ai reçu une lettre de G... — La glace est rompue, l'intrigue nouée, et le pauvre garçon aussi garrotté qu'on peut l'être. Je ne puis lui donner de conseil ; aussi lui mettra-t-elle son brodequin sur le ventre! Je vois là *une relation* où la femme sera le sultan de l'homme. Quant à G... il ne sait plus un mot de son cœur, car lui que je croyais *pris*, ne me dit-il pas : « Je l'aime *(l'autre; celle-ci,)* et l'aimerai, je crois, furieusement! » — furieusement; à la manière des pigeons! Ma foi! cela me donnerait presque envie de lui souffler son *Indienne*, et il faut avouer qu'il le mériterait bien un peu.

26. Lundi.

Une semaine en blanc! — Que dira Guérin de mon exactitude si je continue à tenir compte ainsi de mes jours? — Ah! c'est que l'oubli vaudrait mieux que ce triste enregistrement de mes journées. Je voudrais oublier.

Travaillé avec assez de suite cette semaine, sortant seulement d'un jour l'un et me barricadant chez moi le reste du temps. — Lu par brassées, — toujours de l'Histoire et notant tout ce qui a trait aux affaires extérieures. — Il faut que je me jette dans les matières de finance et que je débrouille ce chaos, du moins chaos pour ma tête. — Le meilleur levier pour enlever le pouvoir est encore celui-là.

Qu'ai-je vu cette semaine? Mais personne que les habitués. — Je suis allé chez la céleste Indienne, la jolie fille du Gange, mais n'ai pas été reçu, — la tante n'était pas là. Entr'aperçu au fond d'un salon intérieur et plein de mystérieuses ombres une taille onduleuse et une robe blanche, mais tout cela si vaguement qu'on eût dit une lointaine apparition bientôt disparition. — J'ai écrit. — On m'a répondu et l'entrevue de début est fixée à Dimanche prochain.

Hier, levé et habillé de bonne heure. — Reçu trois visites. — Pris une voiture et suis allé chez madame F... Ses cheveux noirs sont vraiment beaux, et sa main maigre, blanche et sillonnée de veines bleues, bien expressive! Il y a de la fièvre dans cette main. — Allé chez la comtesse D... — Puis chez la marchesa. — N'y était pas.

Dîné en ville chez madame de L. R. Avais accepté pour rencontrer madame L... ma passion actuelle. — N'y était pas. — Ai plus causé qu'à l'ordinaire, ce qui m'a valu un compliment d'amabilité de la maîtresse de la maison. — Accusé de faire la cour à une provinciale, madame Lh... pendant un tête-à-tête d'une demi-heure sur le balcon. Mais elle n'était ni jolie ni spirituelle, seulement coquette comme le démon de la coquetterie en personne qui très certainement aurait eu plus de charme qu'elle. — Retiré vers minuit. — Passé au Boulevard et rentré, agité de mille pensées. Où me conduiront-elles? Je n'écrirai pas, qui sait? car j'arriverai à ... ou je me briserai en chemin.

Aujourd'hui, travaillé tout le jour sous mes persiennes closes et noyé dans une chaleur énervante. — Sorti ce soir. — Allé au faubourg Saint-Germain, chez Th. — Ai trouvé ces messieurs au café et très lancés. — Pris des livres. Rôdé ce soir sans but et en proie aux rages de l'ennui. — L'isolement me tue. Je jure d'en sortir!

27. Mardy.

Levé à neuf heures. — Déjeuné. — Travaillé avec intensité tout le jour, excepté pendant le temps que les B... sont venus. — Ce soir, habillé et passé la soirée chez madame de L. R. C'était son jour de réception.

Il y avait assez de monde et des visages neufs. Mais je n'ai vu que madame L... belle, belle! — Ce caprice, car de l'amour je ne peux en avoir que pour une seule, devient d'une singulière véhémence. Du reste, elle le sait. Elle part pour Enghien, où elle va passer un mois, j'irai. — Ayons-la, pour n'y plus penser après. Ah! tout cela n'arriverait pas si ... (que j'aime comme la seule à jamais aimée) était là pour m'empêcher de regarder tout ce qui ne serait pas elle. La tête et le cœur sont des abîmes.

Passé au Boulevard à minuit un quart. Acheté des roses. — Causé avec C. M. — Rentré et lu une heure pour calmer et discipliner mes pensées. — Pas dîné, donc la tête très nette et les nerfs fermes.

1ᵉʳ Juillet.

Trois jours sans noter. — Travaillé tous les jours, excepté les soirs. — J'ai passé l'un au Concert avec Aristide. — Le second chez la *marchesa* et le troisième chez la maîtresse de Th... Je crois qu'avec ma spirituelle et rusée *marchesa* j'avance : la curiosité sera ce par quoi elle périra comme Ève, comme toutes. . .

. . . .

2 Août.

O oubli ! ô indifférence ! ô paresse ! ô mes trois grands dieux ! Encore un mois qui s'est placé, le doigt sur la lèvre, comme l'Harpocrate antique, entre un Memorandum inachevé et celui-ci que je recommence, et pourquoi le recommencé-je ? L'idée m'en est venue ce soir, cette nuit plutôt car il est une heure. Il fait un temps brûlant, une nuit lourde. — Je me suis longtemps promené au Boulevard. Ai rencontré M. F. et M. de Villemur avec qui j'ai fait connaissance : physionomie franche et forte, belle tête de soldat. — Suis rentré avec une gerbe d'œillets blancs couverts encore de leur rosée, et belle comme une femme.

Levé à neuf heures. Ecrit une lettre. — Déjeuné.
— Lu les mémoires de Torcy. — B... est venu. Causé
gaîment de nos embarras financiers et de la nécessité où nous sommes de promettre notre chair au premier Shylock que Dieu ou le diable jettera dans notre
chemin. — Repris de Torcy. — Habillé. — Supprimé le
dîner. — Allé chez G... et chez la marchesa à cause de
cette fille que je voudrais placer chez elle. — Descendu le Boulevard avec la marchesa et Bonchamp et
remarqués pour nos tournures à tous les trois. — Il est
certain que nous ne ressemblions guères à tous ceux
qui se promenaient là.

Descendu au Palais-Royal. — Pris à Corazza du café,
du kirsch et de l'eau glacée, le tout mêlé et remué
vigoureusement. — De là revenu au Boulevard et la
suite écrite plus haut.

G... ne m'a pas écrit depuis qu'il a quitté ***
Le temps s'écoule cependant et que de choses il a entraînées avec lui sans que la trace en soit ici demeurée. Au moins en rappellerai-je quelques fragments
épars et qui surnagent, mais la trame des pensées frémissantes de chaque jour, rien ne saurait la faire reparaître. Les lendemains l'ont usée coup sur coup.

Je me révoltais contre l'isolement et j'ai vu du
monde. Qu'est-il resté de cela? Rien de plus, si ce n'est
que j'ai conquis un ou deux salons pour cet hiver.

J'irai par Brezé chez M. de Fitz-James. — L'ai retrouvé (Brezé) doux, facile, affectueux et prêtre, — prêtre dans toute l'étendue du mot, ne parlant que de sa soutane comme une femme de sa jupe, ayant la coquetterie de sa foi et nous choyant un peu, moi et Bourdonnel, pour avoir le plaisir de nous convertir ou du moins de nous sermonner. Ainsi soit-il puisque cela l'amuse et que cela ne nous ennuie pas plus qu'autre chose! Amère disposition que celle-là, n'être pas plus intéressé qu'ennuyé par les choses les plus opposées. Et c'est ce qui fait que la *conversion*, le changement de vie comme ils disent, est impossible. — Saturés de raisonnements de toutes sortes, nous admettons les leurs au même titre que tous les autres. Ils sont bons, les points de départ admis. Le système est même d'une immense étendue et répond à toutes les objections. Mais quand bien même il serait la vérité, pourquoi restons nous si indifférents en face d'elle? La vérité n'entraîne donc pas? On peut la voir et ne pas l'aimer de cet amour qui règne sur toute la vie! Ah! c'est là qu'est le mal, c'est là que se trouve l'abîme. On convient de tout et on n'adhère pas. Malebranche s'est trompé.

J'ai vu la comtesse d'A... et ai déjeuné chez elle avec une foule d'aristocratie de province et du faubourg Saint-Germain. — Y ai remarqué madame C...

chez laquelle il faut que j'aille cet hiver; un de ces fiers colosses comme je les aime, les cheveux plaqués aux tempes, l'œil plein d'une flamme noire, la bouche malade d'ardeur, les lèvres roulées et à moitié entr'ouvertes, — un automne fécond, riche, plein de folles ivresses, des mamelles de Bacchante et un torse à la Rubens. — Elle est de race d'actrice, m'a-t-on dit, et en effet on dirait qu'elle a été sculptée pour le Théâtre. — Me plaît plus que madame de Glass… jeune, mince, élancée, flexible et grande. La tête jolie si la bouche n'était pas trop grande, mais pleine d'expression romanesque; blonde d'ailleurs avec un teint de brune, velouté et chaud, singulier contraste, et une couronne de tresses sur la tête, sans une seule boucle. Coiffure pleine de noblesse et de simplicité et qui va merveilleusement à l'ovale allongé de son visage.

Qu'ai-je vu encore? Voyons! Ah! la fiancée, défiancée ou plutôt infiancée de G… jolie, mignonne, blanche, grande, mince, le buste long et les mains longues, — deux charmes pour moi, — et d'épaisses boucles blondes à l'anglaise tombant sur les joues, comme deux bouquets renversés. — Parle assez, n'est pas timide, et a un accent dont rien des accents d'Europe ne peut donner l'idée. — Plus singulier qu'agréable, mais pas désagréable non plus.

Es todo! — (Aujourd'hui 4 août.) Je sors de chez madame F... où j'ai pris le thé. — Vu Cornélie B... qui promettait d'être si belle et qui n'a tenu que la moitié de ses promesses. — Madame de St. V. était là et j'ai été frappé pour la première fois de la beauté de couleur de ses yeux et de l'énergie fière de son profil. — Excepté le temps passé chez madame F... et une visite du quinteux L. B., travaillé avec assez de suite, — ainsi qu'hier, jour que je ne notai pas de peur de remuer toute la lie du fond de mon cœur.

Je rentre las — et je clos la veillée.

. . . .

8 Août.

Travaillé tous ces jours. — Vie monotone, d'un cours lent, l'attente du soir sur le canapé au milieu des livres entr'ouverts. — Une visite à peu près chaque jour chez la *marchesa*, — assez de charme pour mes indolences non pareilles, si la réalité n'était dure, la réalité prosaïque et sèche. — Embarras d'argent. Sotte chose que cela!

J'entrerai au journal *L'Europe* le mois prochain, à ce qu'il paraît, et j'y serais entré ce mois-ci n'était que leur budget se trouvait dépassé. — J'ai vu le marquis de Jouffroy et lui ai livré un article sur la brochure de Scudo, diablement superficielle quand on l'examine d'un peu près. — Cette tête Italienne qui touche à tout et qui s'émerveille d'avoir tout touché ne sera jamais celle d'un publiciste. Drôle d'imagination, du reste, sur laquelle toute idée fait l'effet d'un mirage. C'est un homme qui s'enchante perpétuellement de sa voix. Je doute fort qu'il soit très satisfait de la petite discussion que je livre à ses raisonnements hasardés. Cependant je l'ai loué à la Philinte.

Hier travaillé comme les autres jours. — Je crois que je me froidis intérieurement; ce serait tant mieux; la poésie des passions ne me touche guères plus. — Tout en m'occupant d'études positives, je rumine encore un de ces mélancoliques récits dont une fois entre autres il faut que j'écume mon imagination. Cela prendra-t-il corps? Je l'écrirais sous le nom de *Ryno*. — C'est un nom qui se trouve dans Ossian et qui me charmait (non Ossian, mais Ryno,) dans mon enfance. — A propos, la marchesa a lu le manuscrit de *Germaine*. — En a été bouleversée. — J'ai une lettre écrite par elle à ce sujet, — curieuse !

B... vint me voir deux heures. — Causé avec assez d'animation. Oh! la causerie, la causerie, quelle syrène! Comme elle vous fait échouer au néant, car de ces heures si doucement passées que reste-t-il que du temps perdu? — B... part pour Rouen, c'est-à-dire pour le château de Bellefosse aux environs. — Il n'y a que moi seul qui reste à Paris, d'où jamais la campagne ne m'a paru aussi belle parce que je ne peux y aller.

Après le départ de B... refourré au travail jusqu'à sept heures. — Supprimé le dîner, aussi l'esprit léger et les nerfs en bon état. — A sept heures, coiffé, habillé, sorti. — Au faubourg Saint-Germain chez le libraire. — En passant vu Théb... mais pas madame H... aux yeux de turquoise sur de la nacre et à l'air si mollement catin. — Passé à Corazza. — Pris du café et du kirsch dans de l'eau glacée. — Monté au Boulevard. — Comme je regardais fort attentivement des jeunes filles à travers les rideaux d'un magasin, une voix a dit dans mon oreille : « *Que faites-vous donc là, ma biche?* » — Comme je ne suis la biche de personne, je me suis très majestueusement retourné pour voir d'où venait l'expression caressante. Mais quelle confusion, non pour moi, mais pour elle! — « *Ah! monsieur, je vous demande pardon,* » a-t-elle dit en se cachant la figure de son mouchoir et en faisant mine de beaucoup rire, ce qui est le comble de l'embarras chez les femmes. — Puis elle s'est sauvée. — Ne l'ai pas suivie, dégoûté de ce manque d'aplomb et de grâce. — Belle femme du reste, et bien mise, mais un *lion*, je crois.

Resté longtemps au Boulevard à attendre Th... qui n'est pas venu. — Je me suis appuyé sur la rampe de Tortoni et suis demeuré là avec une patience de Turc. M. de B... est venu se placer à côté de moi et nous avons causé. — Il attendait sa maîtresse, *que creo*. — Du moins il m'a parlé d'un souper au Café de Paris à minuit. — La marchesa est passée au bras du baron. — *Incessu patuit dea*. — L'ai saluée. — M. de B... m'a demandé qui elle était et m'a paru sous le coup de l'impression de sa beauté. — Rentré vers minuit. — Lu un in-8° tout entier, — *Le Roi Jacques II à Saint-Germain* de Capefigue, ouvrage détestable. — Pourquoi pas de l'Histoire tout simplement?

9 Août.

Levé vers neuf heures. — Le réveil moins douloureux, mais pas bon encore. Maudit moment dans ma vie! — Reçu une longue lettre de G... Pauvre timide! il n'en est encore qu'aux préliminaires. — Il a peut-être raison, du reste, car à part la vanité, c'est ce qu'il y a de meilleur chez les femmes. Elles ne varient que dans la manière de succomber; une fois vaincues, elles se ressemblent. — Lu Torcy et travaillé jusqu'à deux heures. — Habillé, sorti, remonté par une lettre de

... reçue en m'habillant. — Allé chez la marchesa. — Nous sommes sortis ensemble et avons fait un tour aux Tuileries. — Presque personne, un temps *aux yeux gris* (Shakespeare), une brume de nuages toute chaude de soleil. — Rencontré X... un diamant sur le front, et nous avons échangé un incomparable regard.

Mis la marchesa en voiture. — Allé chez L. B. — Pas trouvé. — Allé chez la Denau où j'ai choisi une cravate. — Dîné chez G... — Bu du champagne après à Corazza une partie du soir avec ces messieurs. — Très excité mais non gris. Puis un bout de Concert chez Musard. — Rentré.

10.

Levé. — Habillé. — Allé au bain. — Vu Th... au faubourg Saint-Germain. — Allé chez L. B... Changement dans nos habitudes, nous dînons ensemble demain! — Rentré et déjeuné voracement et avec l'appétit qu'un long bain développe toujours. — B... est venu et ne part pas comme il l'espérait. — Quand nous sommes ensemble, nous nous moquons toujours de quelqu'un, fût-ce même d'un ami. (Réformer cela.) — Nos aimables natures s'aiguillonnent l'une par l'autre et nous passerions sur le ventre à notre mère pour attraper un bon mot. — Rappelé celui de Tibère aux

Troyens. — Tibère! quel homme! C'est le seul homme d'*esprit* de toute l'Antiquité qui se connaît en calembours et en batteries de mots, quolibets et autres, mais ne se doute pas de ce que nous modernes et *Français* entendons par *esprit*. — Bourd... parti, essayé de travailler, mais lourd comme un plomb et fait la siesta sur le canapé. — Habillé. — Coiffé. — Sorti avec G... — Allé à Corazza et de là nous asseoir sous les arbres du Palais-Royal. — Causé longtemps, la lune se levant et la soirée belle. — Monté au Boulevard. — Allé chez la marchesa à qui j'ai laissé une lettre, ne l'ayant pas trouvée, mais rencontrée une heure après et par hasard avec le vicomte de B... Causé un instant. — Pris (pour tout dîner) une tranche de melon glacé chez Tortoni. — Rentré. — Essayé des vêtements, — et écrit ceci.

12.

Hier (11) n'ai rien noté. — Je vis la marchesa une heure dans la journée, dînai avec L. B... et le soir. . . . .

Aujourd'hui levé à neuf heures, dispos, souple et l'esprit sans *sombre*, mais une chienne de créancière m'a demandé impudemment de l'argent, ce qui m'a jeté dans une furieuse colère. — C'était deux mois d'arriéré d'hôtel, chétive somme surtout pour moi qui ai beaucoup dépensé ici depuis sept mois. — Je paierai dans quelques jours et quitterai l'hôtel à cause du procédé.

Aujourd'hui rien lu, rien écrit, rien fait. — Dîné avec G. — Allé chez la marchesa, — sortie. — Promené avec G... aux Champs-Elysées et aux Tuileries. — Allé seul au Boulevard et resté longtemps appuyé sur la rampe de Tortoni à regarder vaguement toute cette foule dans un état d'ennui et de brisement physique indescriptibles. — Quand m'engourdirai-je tout à fait? On se croit mort, on n'est qu'assoupi et la première chose vous réveille! . . . .
. . . .

13. Dimanche.

Hier, je passai toute la journée au faubourg Saint-Germain. — Allé chez de Brezé. — Vu un logement chez madame F... avec Bourdonnel, — et dîné chez Thébaut avec M. B... et madame H... Elle a les yeux (elle n'a que des yeux, mais enfin elle en a!) indécents comme une nudité. — Lu le second volume de *Jacques II* dans mon lit.

Aujourd'hui passé le temps à mille choses, incapable d'attention. — Lu à bâtons rompus les lettres de Frédéric II à Voltaire. — Dans ces lettres le grand Frédéric est un sot. — L'admiration pour les écrivailleurs le rogne jusqu'à l'idiot…..

Qu'ai-je fait encore ? Rien qui vaille la peine d'être rappelé. C'est aujourd'hui Dimanche et le temps est superbe. J'ai bien pensé à aller voir la jolie Indienne de G… mais pourquoi ? — Pour lui ? il n'en veut plus et ma négociation est inutile à présent. Pour moi ? quoique je ne puisse pas aimer qui m'aimerait, je suis trop indolent dans ce moment-ci pour tenter de me faire aimer d'une jeune fille. Et d'ailleurs j'ai un mal de pied qui m'empêche de mettre une chaussure étroite et d'user ainsi de tous mes avantages. Donc, bonsoir !

G…! Il faut pourtant que je lui écrive. J'ai reçu de ses nouvelles ces jours derniers. — Il n'en est encore avec… qu'aux éléments. — Ils correspondent, et pour G… qui ne s'est jamais *peint* à une femme, c'est une excellente occasion de se donner un plaisir très vif dans la jeunesse. Oui ! très vif et même le plus vif de tous. — Mais en séduction, ce n'est qu'un moyen vulgaire. Il ne faut jamais se révéler entièrement aux femmes. — On tuerait bientôt l'intérêt.

On frappe chez moi. C'était L. B. — Discussion d'une heure à propos de ses idées politiques qui

n'existent pas avec la prétention d'exister. — Habillé.
— Sorti. — Dîné au Palais-Royal. — A Corazza. —
Puis à Tortoni. — Rentré.

. . . .

17 Août.

Travaillé tous ces jours autant que je l'ai pu avec
les contrariétés, les inquiétudes et les soucis de toutes
sortes du moment présent. — Il est des instants où
je comprends jusqu'au plus grossier libertinage; on
n'en a pas moins de la fierté, des puretés plein la poitrine, un souvenir qu'on n'abjurera jamais, mais on a
besoin de se soustraire à la réalité en se plongeant aux
gouffres des réalités les plus abjectes. Ah! tortures,
tortures! Je me rappelle l'image sublime de Richter :
« Le bison qui se roule dans la fange pour se guérir
de ses blessures. »

Je me *travaille l'âme* pour que rien ne paraisse au
dehors de mes pensées. Qu'y a-t-il de plus ridicule
que de souffrir? Il n'y a que les femmes à qui cela aille
bien et ce que j'écris là me rappelle ma soirée d'hier,
passée de nonchalance et d'ennui chez la maîtresse
de T... Cette femme a du cœur. Elle est malheureuse,
le cache mal, mais enfin fait effort pour le cacher.

Vu hier aussi M. de L. R. qui ne m'ouvrira sa bibliothèque qu'à son retour de la campagne ; — contrarié aussi par là, pour qu'il soit dit que dans les petites choses comme dans les grandes, je n'échapperai pas au damné guignon de ces jours-ci.

Aujourd'hui levé à neuf heures. — Travaillé, c'est-à-dire lu jusqu'à six heures. — Dîné, — point de viande ni de poisson. — Écrit une longue lettre à G... puis ceci.

19 Août.

Hier rien noté. — Ma journée s'écoula chez moi au travail. — Lu les *Mémoires de Brandebourg*, la plume à la main et la carte sous les yeux. Il n'y a pas d'autre manière de lire l'Histoire politique et militaire. — Supprimai le dîner. — A huit heures m'habillai et allai chez le libraire au faubourg Saint-Germain. — Comme je crains ma disposition intérieure du soir, laquelle dans ce moment est intolérable, je ne rentrai pas immédiatement. — Au café de Paris trouvé M. de B... avec lequel j'allai à Tortoni, lui pour une glace moi pour l'accompagner. — Rencontrai M. F. et *tutti quanti*. — Rentré, j'avalai un volume in-8° en attendant ce grand seigneur de sommeil qui prend si bien les airs de se faire attendre.

Aujourd'hui levé à neuf heures et à la demie au travail. — Lu, comme hier, la carte sous les yeux, les *Mémoires de Frédéric* depuis la paix de Huberstsbourg (1673) jusqu'à la fin du partage de la Pologne (1775). — Déjeuné avec appétit. — Repris mon travail, mais un peu de stupeur et de pesanteur. — J'ai essayé d'une sieste, et comme je n'ai pu dormir malgré une chaleur accablante, me suis mis à écrire mille doléances à A. L. F., aimable fille malgré tous les travers de l'esprit et dont je ne puis me détacher.

G... est venu. — M'a raconté son aventure d'hier soir qu'on peut appeler la *chasse aux maîtresses*. — Quand il en aura une en pied et en titre, il sera tout-à-fait bourgeois de Paris. Au fait, c'est du mariage, aux présentations officielles près. — Travaillé jusqu'au dîner. — Mangé une salade sans poisson ni viande, repas digne d'une intelligence et dont la sobriété a confondu mon vieux *Louis*. — Repris les *Mémoires de Frédéric*. — Mais distrait par les gracieuses coquetteries de ma voisine, et par un air sur un orgue (la Cachucha). — Explique qui pourra la machine humaine! cet air entendu tant de fois cet hiver avec des trépignements d'animation et une envie folle de danser, m'a fait pleurer presque à chaudes larmes. — Je ne me croyais pas si accessible aux sensations en général et à celles de la musique en particulier. B... est venu. — Il est venu me proposer avec une affection de procédé qui m'a extrêmement touché un service que je ne lui demandais pas. — Accepté ! — Je le devais, ne fût-ce que pour la grâce de la démarche qui a été parfaite. — Causé longtemps. — Quand B... a été parti, fini les *Mémoires de Frédéric*. — Commencé *Ryno*. — Écrit ceci, ma fenêtre ouverte par un clair de lune Elyséen, au bruit de l'eau du canal et au chant *pur et juste* de blanchisseuses qui travaillent fort tard aujourd'hui parce que c'est Samedy. — Triste ! triste ! triste !

Dimanche. 20.

Habillé. — Allé chez la marchesa. — Revenu chez moi. — Dîné chez Gaudin. — Le soir ennuyé et... — Passé la soirée chez la St-L...

21. Lundi.

Levé à huit heures. — Allé au bain, — l'eau froide et bonne. — Pris un verre de vin de Madère et du grog. — Relevé entièrement de l'état flasque et d'abattement résultat de la veille. — Déjeuné au faubourg Saint-Germain chez Th... avec le vicomte de S..., madame H...

et consorts. Quelle maison! — Bu et bavardé jusqu'à neuf heures du soir. — Rentré. — Ai fait ma toilette. — Allé au Boulevard avec les B... animé, la parole prompte et nette, aussi bien que possible après une journée passée *inter pocula*. — Allé au café de Paris. — Vu la Clarisse de B... une laide et impudente catin! — Rejoint Th. et sa maîtresse. — Promené sous le plus merveilleux clair de lune à faire pâmer notre ami G... Que n'était-il là et que n'a-t-il soupé avec nous à cette sodome de Café Anglais, où danseuses et chanteuses, joueurs, militaires, journalistes, tout le sanhedrin du diable, buvaient, fumaient, hurlaient et se chiffonnaient pêle-mêle! — Restés là à faire du punch jusqu'à quatre heures du matin et couché à cinq.

25. Vendredy.

Encore des blancs! — J'ai passé les jours précédents à lire tout le jour, ne sortant, comme une courtisane ou comme un débiteur, que le soir. Il m'est impossible de rester seul et dans ma chambre le soir. Je tombe dans une espèce d'angoisse approchant de la folie.

Aujourd'hui, levé à neuf heures avec l'appétit d'un homme qui avait supprimé le dîner d'hier. — Déjeuné. — Théb... est venu. — M'a parlé de *leur* nuit au Café de Paris et bientôt G... est venu aussi me parler de la sienne chez C. D. — Il paraît que tous mes amis étaient en fête, excepté mon bon ami Moi. — Lu toute la journée le livre de Burke sur la Révolution française, d'une élévation rare et magnifiquement soutenue.

C'est le premier livre de prose (anglais) que je lise avec intérêt et qui montre un talent d'un ordre supérieur. — Les Anglais, à mon sens, n'ont que des poètes. — A six heures habillé. — Passé chez Gaudin. — Il m'a proposé de dîner, mais de caprice je m'en suis allé manger du melon à notre *ancienne taverne* chez C... — Bu du madère et du café à Corazza. — Abattu et ayant besoin d'excitants! — La marchesa et son mari que j'ai rencontrés au Boulevard m'ont sauvé de quelque péché que j'allais commettre par ennui, par vide. — Me suis assis avec eux devant le Café de Paris. — Le baron R..., M. de M... sont arrivés. — Causé. — La marchesa vive, — moi point et dans un état sans nom de distraction sans rêverie, — drôle d'état du reste et assez doux. — Si les bêtes sont heureuses ainsi, il y a profit à être bête. — La marchesa a dit qu'elle avait des caprices rares et qu'elle les économisait pour les rendre plus ardents quand ils venaient. — Ai répondu que c'était là une économie de bout de chandelles. — Restés tard. — Rentré. — Écrit ceci et couché.

Mem.

Voir le bel ouvrage de Saint-Évremond :
Réflexions sur les divers génies du peuple Romain dans les divers temps de la République. 2 vol. in-8º.

. . . .

17 Octobre.

Mon caprice de silence est fini. — Je retourne à mon *livre de loch*, comme disait Byron. — Avant-hier, L. B. m'appelait caméléon. Si cela est et pourquoi cela ne serait-il pas? ces pages sont un kaléïdoscope, car je dois y déposer au fur et mesure toutes les nuances que je revêts.

Depuis que j'ai écrit le Memorandum ci-dessus, j'ai empêché un duel entre deux amis et pour une femme, pitoyable sujet de querelle! et j'ai vu mourir F. B... que j'ai assisté à ses derniers moments. C'est de moins une claire et vaste intelligence, une destinée toute en avenir. Je comptais sur son concours dans la carrière politique et sa mort est un vrai revers.

Aujourd'hui écrit et lu jusqu'à quatre heures. — Coiffé. — Habillé. — Allé chez la D... pour du linge et des gants. — De là chez A... où j'en ai appris de belles ! — Oh ! les femmes, comme elles se ressemblent ! Encore une qui s'est perdue par l'imprudente générosité d'un aveu ! — Bien affligée encore, mais déjà plus calmée, nature dans laquelle tout va vite ! — Son amant ne l'a pas trahie, mais quittée par dévotion. Cela m'a rappelé mon frère. Elle m'a fait lire une collection de lettres où le dévot et l'amant se débattent à qui mieux mieux et se disputent le prix de l'ennui qu'ils font naître tous deux également.

— Dîné au Palais-Royal. — Passé jusqu'à onze heures chez la *marchesa* à causer à bâtons rompus. — Je suis accablé de soucis absurdes, d'embarras d'argent, et j'ai besoin de me secouer. — Mon stoïcisme dépend beaucoup de la faculté de *transposer* mon attention. — Rentré à minuit, — écrit ceci et vais reprendre mes lettres.

18.

Souffrant. — Lu et écrit dans mon lit. — L. B. est

venu. — Est resté longtemps. — Parlé politique.
— Chamaillé. — Levé à une heure et demie. Le
temps sombre et bas, inclinant l'imagination à la tristesse. — Habillé. — Sorti au tomber du jour. — La
promenade agréable, le temps doux. — Allé chez
madame H... De là chez R... Pas trouvé. — Revenu.
— Supprimé le dîner mais pris du café pour me
soutenir. — Passé au Boulevard et dit un mot au
vicomte de S... à la sortie de l'Opéra. — Rentré. —
Écrit mon courrier de demain, et comme j'ai la tête
nette et sans douleur, vais écrire du *Ryno* interrompu
tout ce temps par les misérables événements qui m'ont
arraché au recueillement et à la réflexion, *ces deux
grandes puissances de l'homme*, comme disait emphati-
quement cet effronté charlatan de Mirabeau, lequel
était *recueilli* d'une singulière façon, par parenthèse !

19.

Éveillé à huit heures et levé à neuf. — Déjeuné. —
L. B. présent. — Il part pour Coutances et voudrait
m'emmener. Quoique nul intérêt actuel ne me retienne
ici, je resterai pourtant. — Écrit à ... Fermé et fait
partir ma boîte. — Reçu un billet d'A... tout attendrissement et reconnaissance. — Y ai répondu. — Lu

jusqu'à l'heure de la toilette. — Sorti. — Le temps toujours doux mais un peu humide. — Allé chez la marchesa. — N'y était pas. — L'ai attendue en causant avec la petite Clotilde. — La marchesa est rentrée. — Allé dîner au Palais-Royal. — Puis au Concert Valentino. — Belle musique, — très belle! — Rejoint la marchesa et ses *tenants* ordinaires. — Pris *trétous* du punch à Tortoni. — Je vais essayer de travailler.

Mem. Penser à aller chez madame de L. R. demain.

22. Dimanche.

Deux jours en *entre-baîllement*. — Pas d'évènements, du reste. — Un peu d'intrigue qui pourra me bien *poser* cet hiver. Je n'ai plus de mal au cœur du journalisme et de ces prostitutions masquées qu'on appelle des articles. J'en ferai tant qu'on voudra! j'ai vaincu mes dégoûts : — *avalé mon crapaud*, comme dit Chamfort.

Cette nuit dernière j'ai lu un livre très remarquable, — d'une profondeur de réalité étonnante, cœur et mœurs. — Écrit avec esprit, élégance et audace, d'une charmante mystification de titre : *La Fée dans un salon*, et d'épigraphes toute mystificatrices aussi. L'auteur est *Arnould Frémy*. Est-ce un pseudonyme? Peu importe!

Quoique son talent soit sérieux, ce doit être un amusant partner dans un punch de garçons ! — Penser à lire ses autres ouvrages : les *Deux Anges* et *Elfride*.

Aujourd'hui Gaudin est revenu. — Levé, habillé de bonne heure et allé déjeuner chez lui. — Sortis et au café et avec B... Gais et avons causé de mariage. — L. R. est venu ce matin m'inviter à passer le soir chez sa mère. — Ai refusé, — ai donné pour excuse que j'avais le *pied difforme.* — Le fait est que je ne puis mettre de bottes étroites, et madame L... qui est revenue eût été là ! et je suis en coquetterie avec elle ! — Sommes allés chez Th..., G... et moi, jusqu'à cinq heures. — Essayé d'agrafer une robe à la maîtresse de S... et me suis outrageusement et infructueusement meurtri la main. — M'en suis vengé en prouvant à la donzelle que j'étais plus mince sans corset qu'elle avec le sien qui craquait de partout. Puis ai fort bien prêché sur ce texte : « *Vanitas vanitatum et omnia vanitas !* » — Dîné chez G. — Pris du kirsch à Corazza. — Promené au Boulevard. — Un brouillard glacial ! — Allé chez Aristide B... — pas trouvé. — Allé lire une Revue. — Rentré, écrit, lu, — vais me coucher et lire encore.

Savez-vous la différence qu'il y a entre un homme *faible* et un homme *fort?* C'est que l'homme faible est la proie à la fois de plusieurs idées ou de plusieurs personnes, tandis que l'homme fort ne l'est que d'une seule. L'un est tiraillé en sens divers, l'autre est précipité dans un sens quelconque, tous deux entraînés, car tous deux ont des passions, et le fort encore plus que le faible : car il est fort, et ici il faut entendre le mot force non dans le sens spécial de *force de raison*, mais dans le sens de la force générale et harmonique de toutes les facultés.

28.

Éveillé à neuf heures et lu dans mon lit ces admirables Mémoires de Saint-Simon où tout est beau, style, pensées, jugements sur les hommes et les choses, prodigieuse science historique. — Livre du premier ordre enfin. — Levé. — Déjeuné. — Lu et écrit jusqu'à quatre heures. — Habillé. — Allé chez la marchesa. — L'ai trouvée. — Aimable! — Fait une visite à Gaudin et revenu chez moi où la marchesa m'a pris pour aller aux *Français*. — C'était la seconde représentation de *la Marquise de Senneterre,* — médiocrité jouée médiocrement. Mais nous n'avons guères écouté que nousmêmes, et que pouvions-nous faire de mieux? — L'ai reconduite. — Rentré. — Couché.

29.

Aujourd'hui Dimanche lu dans mon lit jusqu'à dix heures. — Levé et continué de lire jusqu'à quatre. — Fini Saint-Simon (le deuxième volume). — Ecrit à Bourdonnel et à Scudo. — Oublié de noter le déjeuner. — Pas dîné. — Voilà deux jours que je ne dîne plus. — Habillé. — Au café. — Passé la soirée chez madame L. R. — Du monde. — Ai remarqué que je me fais très bien à cette torpeur de salon qui s'y empare de moi quand, comme ce soir, il n'y a nul intérêt de conversation. — Revenu tard. — Je ne dormirai pas car j'ai pris deux fois du café et du punch. — Que faire? — Je crains l'insomnie. — La trame de mes pensées est sombre depuis hier, probablement à cause de … Oh! dormir, dormir! *To sleep… to die…* Je lirai si je ne puis dormir. Il faut briser l'attention pour la détourner. Essayons! . . . .

30.

Passé une nuit de fièvre et d'agitation. — Pas dormi qu'un peu vers le matin. — Éveillé à neuf heures. — Lu, — levé, — et déjeuné avec appétit. — Pris des notes dans Saint-Simon, le plus grand historien que la France ait eu, je n'hésite point à le reconnaître et j'en suis tout émerveillé. Je l'avais lu déjà, mais il ne m'avait pas laissé des impressions si profondes qu'aujourd'hui. — Cela tient sans doute à de nouveaux développements de mon esprit qui s'est tourné vers les choses politiques. — A trois heures fait coiffer, — habillé et sorti. — Je croyais dîner chez G... qui lui-même ne dînait pas chez lui. — Allé chez la Denau pour des manchettes. — Puis chez la marchesa. — J'ai refusé de dîner avec elle à cause de mon amour pour l'indépendance de ma soirée. — Supprimé le dîner, mais pris du café, selon l'usage de mes jours de diète. — Lu les journaux. — Allé au faubourg Saint-Germain chercher des livres et rentré.

Pensé à une foule de choses amères. — Mon Dieu! que je voudrais être plus vieux seulement de deux mois! Viendra-t-elle commme elle le dit, ou ce projet échouera-t-il encore? — Travaillé, pour dompter le dedans, à ce Ryno, jusqu'à minuit. — Couché, — et lu deux heures, assez maître de mon attention.

31.

Éveillé à dix heures. — Pour vaincre cette éternelle tristesse de réveil je me jette aux livres. — Lu jusqu'à onze. — Déjeuné. — Bien portant et l'esprit plus léger qu'hier. — Un temps à la pluie et au vent. — Lu et pris des notes jusqu'au tomber du jour, qui s'est fait de bonne heure à cause de ce temps d'hiver qui commence. — Habillé, et allé dîner chez Gaudin. — D... et B... dînaient, — dîner plutôt sérieux que triste, mais sans verve de part ni d'autre, — Gaudin las de sa journée d'hier. — Rentré dès huit heures sans être allé ailleurs. — Allumé du feu. — Lu. — Écrit une lettre. — Pris des notes pour cet article que j'ai promis à Paquis sur le *Gouvernement des classes moyennes*, d'Alletz, — livre que j'ai l'intention de déchiqueter. — Je suis las de toutes ces phrases contre l'Aristocratie. — L. B. me parlait l'autre jour d'une *aristocratie personnelle*, mais une aristocratie personnelle n'est plus une aristocratie. — Il n'y a pas aristocratie sans transmission. — C'est une institution de durée, par conséquent elle ne peut pas saisir l'homme *seul*.

Continué à travailler. — Pas souffert. — Couché à une heure. — Lu du Saint-Simon dans mon lit quelque temps encore, — et endormi.

1er Novembre.

Pas mal dormi, mais éveillé plus tôt qu'à l'ordinaire, — dès sept heures. — J'ai rêvé de ce pauvre Guérin de retour et en bonne santé. — Que ce rêve ne soit pas qu'un rêve! mais un présage. — Avec quel plaisir je reverrai notre poète et reprendrai avec lui cette vie commune si longtemps interrompue!

Rendormi deux heures. — Levé. — La marchesa m'a écrit une lettre maussade à dessein, je m'imagine, pour me faire aller chez elle ce soir. — Mais elle ne serait pas *seule* et il fait un temps effroyable. — Je ne veux pas sortir. — Ai répondu le billet le plus *passé* à la vanille.

Déjeuné sobrement. — Établi au coin du feu. — Lu. — G... est venu causer de la pluie qu'il fait et du spleen qu'elle donne. — B... lui a succédé. — A montré plus d'animation et de suite qu'à l'ordinaire. — G... est revenu, jusqu'au dîner. — Ainsi ces messieurs ont dévoré le temps que je destinais au travail.

Dîné, — trop mangé ; aussi de la stupeur après et la noire tristesse qu'engendre un besoin assouvi quand on ne se livre pas au mouvement, à l'exercice qui fait tout oublier, — ou pour mieux parler, qui suspend toute douleur même morale, même la plus élevée de toutes.

Je me rappelle qu'étant à Caen en 1831-32-et-33 (époque de ma vie sinon la plus malheureuse, au moins la plus tempestueusement agitée) et quittant après d'effroyables scènes (effroyables pour moi surtout qui en étais encore à l'apprentissage des passions), quittant donc ... tantôt dans une immense colère, tantôt dans un immense abattement, toujours dans une cruelle angoisse, j'éprouvais du soulagement, oui ! même du soulagement intérieur, à marcher à travers ces plaines où l'air joue en liberté et dont le souvenir est resté si vivant pour moi. — Oh ! quand on quitte ce qu'on aime le plus, il ne faut pas monter en voiture. Marcher distrait, on pense moins. Je me suis toujours défié des femmes *promeneuses,* — des Anglaises par exemple, froide race s'il en fut, ce qui ne les empêche pas d'être excessivement corrompues. Au contraire : raison de plus.

Découvert, en lisant un livre Italien fort curieux que m'a prêté B..., que l'*Ode à Priape* de Piron dont le commencement est si lyriquement beau, si entraînant, malgré l'infamie du sujet, n'est qu'une imitation pâle mais servile, — osée, impudemment mais manquée, aussi, — d'une superbe Ode attribuée à l'Arétin. Cette Italie est bien vraiment le pays des peintres ! Ses écrivains n'ont pas de plumes, mais des pinceaux. Quelle manière de tout noyer dans la couleur, de tout purifier par la forme, même ce qu'il y a de plus matériellement physique, de relever l'idée par je ne sais quelle splendeur dont la source n'est ouverte qu'à eux !

Piron a volé les idées, et en les touchant, il les a montrées telles qu'elles sont. — A part la marche entraînante du Rythme, manié de verve et qui fait une victorieuse violence au dégoût, l'ode de Piron laisse froid. Celle d'Arétin est une nudité aussi grande, aussi luxurieuse, l'imagination l'admire parce que c'est beau avant d'être sale, parce que la perfection est une chasteté si grande qu'elle cache toutes les souillures, et les sens ne sont pas même remués par cette admiration enthousiaste. Figurez-vous la Bacchante la plus insensée dans le dévergondage des poses les plus lubriques, folle de vin et de cantharides, mais sur le corps de qui, trahi de partout avec l'impudence du marbre et la chaleur de la vie, est drapé un vêtement lumineux, une tunique miraculeuse dont les plis ne savent rien cacher, mais divinisent. C'est Titien peignant des bas-reliefs antiques avec son pinceau trempé dans toutes les puretés de la Lumière. C'est Lucrèce parlant si majestueusement de l'amour animal des êtres, mais avec une langue dix fois plus belle d'harmonie, de coloris et de contour que la sienne, et incomparable.

Après dîner lu de nouveau. — Pris des notes dans Saint-Simon, ce Dieu de l'Histoire et de l'appréciation sagace et sévère. Il peint comme Tacite, mais il a le sentiment religieux de Bossuet, inconnu à l'âme moqueusement froide du Romain, et en plus des grâces ineffables. — Voyez par exemple cette phrase en parlant de Louis XIV: le Roi de si *grande mine* (trait d'une fierté négligée approchant du sublime du pittoresque): « On peut dire qu'au milieu de tous les hommes, sa taille, son port, ses grâces, sa beauté et sa *grande mine*, jusqu'au son de sa voix et la grâce majestueuse de toute sa personne, le faisaient distinguer jusqu'à sa mort *comme le Roi des Abeilles* et que s'il ne fût né que particulier il aurait eu également le talent des fêtes, des plaisirs de la galanterie et *de faire les plus grands désordres d'amour.* »

Il semble qu'en répétant ce mot de grâce, il ait exprimé davantage pour la répandre dans cette phrase charmante, la Divine chose que ce mot signifie!

Lu de l'Italien. — Pris du punch. — Remis à lire. —

Regardé par la fenêtre. — Pluie et vent furieux. — Temps et heure et rue bien tristes. — Lu encore, écrit ceci et vais me coucher.

2 Novembre.

Levé de bonne heure. — Déjeuné. — Lu. — Écrit des lettres au coin du feu. — Lu encore. — Disposition d'âme amère et triste. — Temps d'averses. — L'ouragan d'hier continue.

C'est aujourd'hui mon jour de naissance, jour que j'exècre et qui me jette toujours une montagne de plomb sur le cœur. Il me rappelle le néant de ma vie, — et que l'avenir pour moi se lève si tard ! — Je ne sais pas ce que je deviendrais si je restais seul aujourd'hui. — Dieu merci, je dîne en ville chez madame de L. R... Cela me sortira de moi-même. Il y aura là peut-être cette grande Allemande au noble buste que j'aime toujours à voir, oui ! mieux même qu'à entendre, et les belles épaules en arc de M. N. avec son cou de cygne sauvage et brun. — Ma foi ! je n'ai rien de mieux à faire que ma toilette : je m'ennuie tant !

. . . .

8 Novembre.

Ces jours-ci n'ai rien noté, — et les ai passés dans une souffrance très vive et dont personne ne s'est aperçu. — Je l'avais méritée, cette souffrance. J'avais écrit une lettre égoïste à ... et elle m'a répondu par des larmes et des paroles poignantes d'affection qui se croit trompée. — Que sommes-nous donc? Pourquoi ai-je été blesser ce cœur, — le seul peut-être qui me soit dévoué, — moi qui l'aime autant que je puis aimer créature vivante! — Il fallait que je fusse *hors de sens*.

J'ai eu des remords et j'ai souffert tout le temps que je n'ai pas été avec la *marchesa*. — Ma liaison avec cette femme devient de plus en plus étroite. Je me suis trompé sur son compte. Elle n'est pas ce que je croyais. — Mélange d'ombre et de lumière, ses qualités dominent ses défauts. Je me disais : C'est pis qu'une coquette avec les autres, avec moi c'est une comédienne. Avec les autres, elle peut être coquette, mais elle se sait coquette; son sens si droit n'est jamais égaré : elle se juge coquette et sait le temps qu'elle restera ainsi. C'est une mise, une robe décolletée, une parure plutôt que sa nature et la pose habituelle de son âme. Il y a fort peu de femmes qui soient coquettes ainsi.

Malgré les manèges, les petites ruses, les thèses sur l'amour, et toute la *gâterie* dont elle a été l'objet, elle rentre très souvent en conversation dans un naturel sévère, hardi, élevé, résolu, souvent gai, toujours de bon sens qui lui fait le plus grand honneur à mes yeux.
— Si elle avait toujours ce ton-là, elle serait *supérieure* autant qu'une femme puisse l'être. Quand cela lui arrive de le prendre, sa physionomie contracte une expression attentive et perçante qui vaut mieux que toutes ses chatteries de sourire et d'yeux à moitié fermés. Elle devient d'une beauté sérieuse dont elle ne se doute probablement pas et qui l'emporte sur toutes les morbidezzes de physionomie que nous recherchons dans les femmes.

Le monde de province dans ses grossiers et ineptes scrupules en avait parlé comme d'une *catin* (du moins est-ce le premier bruit qui m'atteignit d'elle avant que je la connusse personnellement) et le mot est aussi stupide qu'injuste. Il n'y a pas de femme qui soit plus loin de ce qu'on appelle le catinisme. — Ce qui l'a perdue en province, c'est la réputation d'avoir eu une *passion*, — c'est la curiosité, l'audace d'esprit, et des relations de femmes qui ne la valaient pas. — L'ennui, — un ennui terrible, — des caprices d'imagination, voilà ce qui expliquerait son errante fantaisie, déjà lasse, — elle se débat encore, mais elle est abattue. — Malgré quelques vouloirs insensés et le besoin de tendresse, ancré au cœur des femmes, elle est sous la sauvegarde d'un esprit mâle et d'une incorruptible froideur.

Son esprit *désire* plus que son cœur, noblement flétri par un souvenir douloureux. — Quelles qu'aient été ses intimités, nulle ne l'a souillée d'un de ces faits ou d'une de ces paroles qui font rougir la volupté même. Elle ignore l'abîme fangeux des caresses. Cela prouve pour elle que les hommes qui l'ont aimée ne l'aient pas fait descendre jusque-là ; ils n'auront pas osé.

Encore quelques années d'agitation de tête, — misérables, impuissantes agitations qui n'aboutiront qu'à des commencements d'intimité ! car elle juge les hommes, et comme elle n'a pas d'ivresse physique elle est promptement ennuyée de leur jargon ; — encore quelques années à s'exagérer ce dont elle souffre et ce qu'elle convoite *par vide*, et ce sera fini : il ne restera plus de tout cela qu'une femme attachée à ses devoirs par réflexion et par vanité intelligente, solide amie, ce qu'elle est déjà, de relations de famille et de monde parfaites, simple et spirituelle en même temps, regardant du haut de ses désirs de vengeance éteints, froidement et sereinement les hommes qui l'ont si longtemps ulcérée, comprenant la mission de la vie qui n'est pas le bonheur par les sentiments, — ou sa fauve ressemblance par les sensations, — se résignant à force de bon sens, exquise qualité de son genre d'esprit, — disant moins de mal d'elle, coquetterie fausse qu'elle a encore, — et d'une beauté qui se mourra avec une lenteur majestueuse !

Ce qui prouve où elle en est, cette femme si pitoyablement jugée sur les récits de plus libertines qu'elle, commentés par des observateurs de garnison, c'est qu'elle se voudrait corrompue; c'est qu'elle envie les *plaisirs* des femmes qui aiment *le plaisir*. — Pour répondre à cette fiévreuse disposition d'une âme *sans intérêt dans la vie* et que je lui signale comme mauvaise, il n'y a qu'à la prendre au mot et agir avec elle comme avec celles qu'elle jalouse, et on lui fera retrouver sa fierté oubliée dans le *ridicule* et le *dégoût*.

Je l'ai vue beaucoup ces jours derniers, et du moment qu'elle oublie de poser et de dresser des embûches avec la grâce d'une charmante comédienne, — reste de ses premiers rapports avec moi qui ont été faussés dès l'origine à cause de..., ce qui va disparaissant tous les jours, — elle est essentielle à étonner et désintéressée de toute mauvaise ou petite passion. — Elle n'a pu avoir que des femmes pour *ennemis*, car je défie l'homme le plus partial, le plus bardé de préventions, l'amant enfin d'une de ses *ennemies*, de la voir quelque temps sans abjurer ses préventions. — Tous les hommes qu'elle voit lui sont dévoués, et qu'en attendent-ils ? la faveur de baiser son gant. C'est vraiment un honnête homme à travers les rancunes, les dépits et les ondoyances de la femme. C'est un honnête homme comme Ninon, mais c'est Ninon jusqu'à la ceinture. La ressemblance ne descend pas plus bas que ses hanches superbes, dignes de la Niobé antique. Ses théories de coin du feu quand elle est animée et qu'elle ne craint pas son auditeur, peuvent rappeler la courtisane, mais cette nature d'esprit élégant et prompt à saisir le ridicule de certaines ivresses, mais ces sens harmonieusement et imperturbablement tranquilles, tout cet ensemble de résistance, empêchent à jamais la pratique, chose qu'elle n'apprécie pas encore, mais qu'elle appréciera quand elle sera plus mûre et plus avancée dans la vie.

Aujourd'hui éveillé à neuf heures, lu de l'Italien dans mon lit, — puis levé, — déjeuné. — Un temps gris et bas, — le froid pénétrant et acéré. — Allumé du feu. — Écrit à Guérin qui va mieux, se marie et revient, trois bonnes nouvelles! — Mon rêve a eu raison; réponse aux gens qui se piquent de n'être pas superstitieux. — Il paraît que c'est au mois des roses (en May) que notre poëte *deviendra époux*. — C'est un revirement de cœur que l'histoire de ce mariage. — Guérin, comme de juste, paraît fort heureux, et moi aussi parce que je crois qu'il a besoin d'un foyer à lui. Il aura le temps de travailler non pour vivre, mais pour penser ou pour retentir ! — Du reste, qui n'a pas besoin d'un foyer ? Byron n'en médisait tant que parce qu'on avait détruit le sien. — Gaudin est venu, — prétend avoir rencontré *ma boiteuse* (une charmante boiteuse avec des pieds irréprochables que j'ai rencontrée chez Valentino, il y a quelques jours), mais je ne le crois pas. — C'est un maniaque qui veut connaître tout le monde, même les gens qu'il n'a jamais vus. — Lu et fait diverses choses, — je ne sais plus quoi. — Habillé. — Dîné chez Gaudin. — Chanté du Désaugiers au dessert, un vrai poète, celui-là, peignant et sentant, naïf et sans le moindre esprit, mais d'un entrain plus puissant que l'esprit même, comme tout poète. — Pris du café à Corazza. — Les bandeaux noirs d'Obermana semblaient humides et sa joue était plaquée de vermillon brûlant. — Belle ainsi ! — Monté au Boulevard. — Allé chez la marchesa. — Pas trouvée, *caramba !* — L'air coupant comme verre la figure. — Attendu Gaudin sur la rampe de Tortoni, enveloppé dans mon manteau, un clair de lune chatoyant dans les capotes de satin et les robes de soie du régiment d'*Amaïdées*, qui remuaient leurs croupes vénales au Boulevard. — Ennuyé d'attendre il *signor Gaudino,* rentré. — Écrit ceci et vais me mettre à écrire à la marchesa et à mon travail sur le livre d'Alletz.

9 Novembre.

Levé d'assez bonne heure, du moins pour moi. — Souffrant. — Des douleurs d'entrailles assez vives, donc supprimai le déjeuner. — Pris seulement du vin dans du bouillon, sorte de remède qui me réussit toujours. — Travaillé. — Ai écrit une lettre à ma tante, pleine d'affection et de mansuétude, la lettre, s'entend, et non la dame, du moins à mon endroit. — Mais cela donne une merveilleuse souplesse à l'esprit que d'écrire ce qu'on ne pense pas. — Après ma lettre repris mon travail, — l'attention vive et l'esprit fécond. — Le jour est tombé. — Pour éviter d'incompréhensibles influences que ma raison domine, mais ne peut supprimer, je n'ai pas voulu rester chez moi. — Je deviens la proie d'une espèce d'aliénation sombre dans la solitude de mes soirs. — Coiffé, habillé, dîné chez Gaudin, — et à Corazza après. — G... s'en est allé et je suis remonté chez moi pour mes lettres. — Trouvé un billet de la marchesa. — Allé chez elle jusqu'à minuit. —

Développerai peut-être dans quelque livre ma situation avec cette femme, bon sujet de *Novella*. — Rentré chez moi par une pluie battante. — Couché, mais lu fort longtemps dans mon lit.

10. — Matin.

Levé à dix heures, — raffermi, solide et ne me ressentant plus de l'indisposition d'hier. — Choisi des gilets, importante chose. — Lu et écrit à bâtons rompus, — puis déjeuné. — Puis commencé ce Memorandum. J'attends le coiffeur.

Je vais m'habiller et m'en aller voir madame de L. R. qui m'a *intimé* de venir Vendredy. — Vais-je la trouver seule ? — Je l'espère. Ses cousines, plates personnes de *toutes* façons, m'ennuient prodigieusement. — Il pleut et les nuages sont bas, — un temps splenétique !

Le soir.

Je rentre ; une sotte journée ! — Excepté pourtant l'heure et demie passée chez madame de La Ren. — Mais nous n'étions pas seuls. Les indispensables cousines que je dispenserais très bien étaient là, bloquées par la pluie ruisselante. — J'ai mal fait de ne pas accepter un dîner offert, quoique maigre. — Je pensais à rejoindre quelqu'un ce soir et je n'ai vu personne.

... Et tel est pris qui croyait prendre ! — Revenu dîner chez Cop. — Les rues inondées mais plutôt du brouillard que de la pluie. — Sobrement mangé. — Au café une demi-heure à attendre G... mais il se devait probablement à ses amours ! — Fait conduire en voiture à Valentino ; — bonne musique et laides figures, compensation des yeux par les oreilles. — Rentré ennuyé et vais me coucher et lire dans mon lit. — (Mem. — Ne pas sortir demain mais travailler.)

11. — Samedy.

Pas sorti, comme je l'avais résolu hier. — Levé de bonne heure. — Reçu Ar. B... puis Gob... qui m'a rapporté une bague en aigue-marine que je lui avais donnée à rétrécir. — Déjeuné. — Lu tout le jour, excepté le temps que L. B. revenu de Normandie est resté là. — L'esprit frappé d'une grande sécheresse, mais du moins attentif. — Dîné fort tard. — Gaudin est venu, — bu ensemble, mais non de manière à nous exciter,

et causé d'une fête qu'il doit *nous* donner cet hiver.
— Le programme est joli! et cela peut être extrêmement piquant. — G... parti, repris mon volume et l'ai fini. — Écrit ceci avec un peu de stupeur. — Le ciel est presque pur et le clair de lune étincelant. Mis à ma fenêtre et vais me coucher et lire de l'Anglais.

12. Dimanche.

. . . .

13.

N'ai rien noté. — Rentré de soirée assez tard, fatigué et dans une de ces dispositions dans lesquelles il est impossible de se rendre compte de quoi que ce soit. — Qu'avais-je vu? des jeunes gens stupides et sans les grâces élégantes plus belles et plus charmantes que l'esprit, — des femmes peu jolies, excepté M. N. qui quoique non jolie aussi me plaît *enfin!* — Il y a de l'*énergie* dans la manière dont elle est brune, et puis elle ferme à moitié ses yeux noirs, passionnés en diable... Bref, elle induit en tentation.

Aujourd'hui, lu dans mon lit. — Levé, — habillé, — déjeuné. — B... est revenu et est resté à causer chez moi, — puis Bod... puis M. de F... Dépensé ainsi le temps jusqu'à cinq heures. — L. B avec qui je dînais est venu me chercher. — Dîné. — Allés au Gymnase. — Vu Bouffé plus admirable que jamais dans une mauvaise pièce : *Le Rêve d'un savant*. — Son entrée en scène est tout ce que j'ai vu de plus saisissant sans horreur. C'est vraiment magnifique. — Du moins ému, mais fatigué de la fin du spectacle, je rentre par un temps de pluie glacée et un mal de tête brûlant. — Vais essayer de dormir.

15.

Hier 14, rien noté. — Je rentrai tard d'une soirée assez animée vers la fin, le monde parti, chez madame de F... qui voulait par parenthèse me faire admirer une Romaine, une blonde fille du Tibre, laquelle ne m'a pas plu avec toute sa fauve blonderie et qui a chanté *simplement* (chose remarquable) un morceau d'Othello assez doux. — En rentrant je trouvai des lettres de... et je me plongeai voluptueusement dans leur lecture sans pouvoir m'occuper d'autre chose après !

Aujourd'hui, levé et habillé de bonne heure. — B... est venu comme je finissais ma toilette. — Causé, mais moi pas en train, — j'avais dépensé toute ma flamme hier, et j'en étais à l'atonie. — Sorti, — déjeuné chez C... — Pris du café à Corazza et lu les journaux. — Allé chez la H... perdre mon temps, — de là chez le libraire pour des livres. — Passé à *L'Europe*. — Pas vu M. de Jouffroy, convalescent. — Revenu chez G... puis chez moi d'où je ne suis pas ressorti. — Le temps est beau, mais le vent est froid.

Est-ce irréflexion ou égoïsme qui a déterminé le singulier procédé de...? Je veux penser que c'est irréflexion. J'ai été blessé, — et Dieu me damne! je crois que je le suis encore. Le fait est que je ne m'attendais pas à cela d'un ami — J'ai tort peut-être, mais je n'eusse pas agi ainsi. — O misanthropie, serais-tu la sagesse, à condition toutefois d'être silencieuse? et Hamlet a-t-il raison? « *Va dans un couvent, fais-toi moine! L'homme ne me charme pas ni la femme non plus.* » Ah! la femme... j'ai depuis deux jours des raisons pour en bien penser.

Mangé une salade pour tout dîner. — Préoccupé de cette chose. Trop sans doute. — Écrit des lettres avec la *furia* que j'y mets quand j'ai laissé s'accumuler les réponses à faire. — Puis lu, — puis commencé une Nouvelle dont je ne sais pas encore le nom. — Je veux y montrer l'amour dans les âmes vieillies, le manque d'ivresse, la froideur des sens et cependant une passion souveraine, empoisonnée ; l'agonie, sans doute, de la faculté d'aimer, mais une agonie éternelle. — *J'ai mes modèles*. — Écrit ceci et me jette au lit. Good night.

Il ne faut qu'un atome pour troubler le lac le plus pur, et il est des âmes comme ces lacs, troublées par un grain de poussière, — quoique moins pures et plus profondes. A part l'ironie de nos lèvres bientôt effacée, à part le cercle de l'atome qui tombe sur la surface unie et qui bientôt est évanoui, les hommes jureraient qu'ils n'ont rien troublé du lac où leur pied fit rouler l'atome du cœur que leurs procédés vulgaires ont froissé, — et pourtant l'atome n'est pas encore au fond du gouffre. Il tourbillonnera longtemps avant de l'atteindre, et la mémoire, ce gouffre dans lequel il n'est pas de fond où puisse se perdre un blessant souvenir, ne le rejetera point à l'oubli.

17.

C'est une fièvre intermittente que mes notes sur ce Journal. Elles y sont tracées d'un jour l'un. —

Hier je travaillai assez intensément tout le jour. — Le soir j'allai causer chez Apolline. — Soupai à Corazza parce que je n'avais pas dîné et revins me mettre au lit pour dormir — ce qui ne manque jamais après le souper — de ce sommeil provoqué par la congestion cérébrale et qui ressemble à une attaque momentanée d'apoplexie.

Levé de bonne heure, et travaillé attentivement jusqu'à cinq heures et demie, au coin du feu, n'ayant pris qu'un bouillon sans pain. — Dîné avec appétit. — Ai vu G... quelques minutes... — L. B. ce soir. — Causé assez gaîment quoique le fond de mon âme soit en ce moment plus noir que l'enfer. — L. M. est venu et est resté jusqu'à cette heure. — Le temps est tout à fait d'hiver, froid et humide. — Voudrais qu'il fût plus laid encore pour m'éviter de sortir demain comme je l'ai sottement promis à L. B. — Ma santé est depuis quelque temps excellente quoique je sois surchargé d'embarras de toute nature et dont je ne vois *plus* le bout. — C'est égal, je ne ploverai pas sous cette bourrasque d'adversité. — Je clos le Memorandum pour faire mon courrier de demain et lire.

19.

Hier, *Nada*, selon la coutume du moment qui me fait

sauter à pieds joints par dessus un jour. — Je passai mon temps avec L. B. *en affaires*. — Le soir allai au Concert de l'Allemand *Strauss*. — Pas enchanté ! Un monde du diable et un tas d'hommes de mauvais ton. — Remarqué la mise de la danseuse *Dolorès Serral* qui se promenait là. — Blonde noire et velours noir avec une capote de satin rose. — Elle a les *prunelles* les plus *larges* et les plus *mates* que j'aie vues, recevant la lumière et ne la donnant pas !

Aujourd'hui levé et habillé de bonne heure. — A dix heures chez A. de Ber... où j'ai déjeuné. — Sa femme est laide, mais ne manque pas d'expression et aime et respecte la raillerie, comme toute femme. — C'est le sceptre des rois du monde et leur épée. — Voyez sourire une femme à une moquerie bien dite, c'est une *écharpe* qu'elle offre à genoux au *vainqueur*, à celui qui l'a dite, cette moquerie. — Madame de B... nous a quittés, et quoique je sois fort indifférent pour cette femme, j'ai filé aussi, tant une femme, je ne sais pourquoi, projette autour d'elle le vague et inexplicable intérêt de sa présence ! — Si elle fût restée, je serais resté.

Allé passer deux heures et demie chez la *bella marchesa*, — mise comme j'aime, satin et velours noir, — spirituelle et presque tendre, ce qui vaut mieux. — M'a deviné pour une certaine chose et je le lui ai avoué quand elle me l'a dit. — Rentré chez moi dans une disposition souffrante de corps et encore plus d'âme. — Remué des papiers. — Allé chez G... où j'ai dîné tristement, obsédé de mille amertumes. — Sorti et allé au café avec B... qui a fait tout son possible pour me sortir de mon noir. — Promené au Boulevard. — Rentré. Fait ma correspondance et vais me coucher, ne me sentant pas bien.

. . . .

7 Décembre.

J'avais abandonné ce Journal. Ma vie a été tellement occupée et tracassée depuis que j'écrivis le dernier Memorandum dans une situation d'esprit si violente et si malheureuse! — Hélas! les choses ont peu changé. Le besoin d'une position me poursuit. Je cherche à la prendre et puis elle glisse au moment où on croit la tenir. — C'est le diable!

Au milieu de mille ennuyeuses démarches et intrigailleries, j'ai travaillé. — Fini deux longs articles, dont l'un (sur l'exécrable livre d'Alletz) doit paraître incessamment, sans nom d'auteur bien entendu. L'autre, que la coterie Thiers semblait imposer à la *Revue des deux Mondes*, a été refusé par le directeur de cette Revue. —

De là, grande colère de M. P... l'ami de Thiers, et de L. B. qui avait voulu travailler à ce long article que j'eusse fait aussi bien tout seul. — Le fait est que le refus, qu'on ne devait pas même envisager comme possible, a été vexant. Mais j'ai été le plus calme des vexés, quoique je sentisse bien l'ennui de tout cela.

Du reste, la vie extérieure assez régulière, du moins pour moi. — Peu de visites, si ce n'est à la marchesa avec laquelle je suis allé au spectacle une ou deux fois. — Mais auprès d'elle je n'éprouve plus l'*immatériel* plaisir de voir bien jouer. — Pour cela il faut que je sois seul dans une loge. Sinon et surtout s'il y a une femme, je suis occupé à cacher mes impressions, ce qui gâte tout mon plaisir. — Je suis allé aussi entendre Duprez à l'Opéra, que mon incompréhensible paresse m'avait jusqu'alors empêché d'entendre. Il est laid, petit, ignoble, mais quel instrument il a dans la poitrine ! — Je l'aime mieux que Nourrit et comme timbre et comme méthode. Il m'a ébranlé, mais sans me jeter dans des accès de larmes réprimées comme cette madame Bordogni que je n'ai entendue qu'une fois (au Conservatoire). — Je n'ai jamais eu dans ma vie de sensation comme celle-là, produite par quelque chose qui ne soit pas la réalité.

Inspiré un caprice à une enfant de dix-sept ans, blonde et mince, jolie et pourtant qui ne me plaît pas! — Ce serait toute une longue histoire à raconter, je ne veux point l'écrire. — Chose singulière! madame de F... est venue chez moi me demander, comme une grâce, de ne pas m'occuper de madame de Saint-V... — Je ne sais pourquoi ; elle m'a dit que je connaîtrais sa raison plus tard, mais la chose ne m'en a pas moins paru étrange. — J'ai promis d'autant plus que je n'ai aucun projet sur quelque femme que ce soit, et (en aurais-je) aucun sur madame de Saint-V... en particulier, laquelle a de beaux yeux, il est vrai, mais n'est pas une femme qui me fasse envie du tout. Je suppose qu'il y a là-dessous quelque inimitié et commérage de femme. Toujours est-il que je m'en soucie comme d'une chanson! — Jamais mon âme, si âme j'ai, n'a été dans une indifférence si philosophique! Je suis vieux, vieux, vieux... Le maudit refrain!

Levé à dix heures aujourd'hui et reçu une bonne lettre de... toute ma vie, le reste n'est qu'apparences et mensonges! Elle me parle d'Olympiade F... qu'elle a revue et de qui les circonstances l'ont rapprochée. — Tant mieux! — Quels que soient les changements que le temps amène, je ne puis me détacher du souvenir de cette femme et je suis bien aise que... la revoie de temps en temps. — Pourquoi ne puis-je la rencontrer seulement une heure, fût-ce dans un bal, quoique ce fût là que j'aimerais le moins à lui parler du passé?

Il fait un vrai temps de Décembre, bas, triste, froid, avec une vapeur bleue qui n'est pas du brouillard. — C'est bien l'hiver de Paris. — Que les plaines de Caen doivent être touchantes de ce temps-là ! On n'y voit presque plus quoiqu'il ne soit que midi. — Je vais m'habiller et sortir. — Je dîne ce soir chez la marchesa et malheureusement pas seul, je suppose, d'après l'*officiel* de l'invitation.

Au soir.

Les habitués étaient chez la marchesa, plus une demoiselle de M... qui s'appelle Thérèse et n'est pas jolie comme Thérèse Guiccioli. — Le dîner bon, — ai beaucoup mangé sans rien leur dire, tout en écoutant les récits incommensurables et parfois assez amusants de B... J'ai eu froid jusqu'au café, et j'ai cherché pour me réchauffer une bouteille de fiers et chaleureux esprits, mais j'ai été désappointé, — il n'y avait que liqueurs sucrées et fines, bonnes pour des palais de femme. — En somme peu intéressé et mal en train.

Avant dîner allé chez L. B... Parlé d'affaires. — Réussirons-nous ? — Demain cela pourrait se décider. — De là chez Malitourne que j'ai vu trop peu de temps (il allait sortir) pour en porter un jugement. — Je rentre et vais lire dans mon lit jusqu'à l'arrivée du sommeil.

. . . .

12.

Ces jours-ci passés moitié au travail, moitié en soins ennuyeux et qui n'aboutissent pas. — Ce projet de journal se réalisera-t-il? Pourrai-je trouver position solide, c'est-à-dire *some money* quelque part cet hiver? — Je ne me rebuterai pas quoique j'aie été *blessé* et dégoûté plus d'une fois. Les hommes sont encore plus bêtes que je ne croyais. — Jusqu'à L. B... qui vaut mieux que les autres et dont le courage hausse et baisse comme l'amour du joueur pour Angélique avec non pas les coups de fortune, mais les chances: — pauvres nerfs! — Je dompte les miens à repousser les influences contradictoires qu'il exercerait sur moi si je n'écoutais que mon intérêt en péril comme le sien.

Dimanche, fait des visites toute la journée. — Vu entre autres la fiancée de Guérin, dont (de la jeune fille) l'accent me pénètre très vivement. — Doux et étrange! — La veille j'étais allé chez madame de L. R. et de là une heure au bal chez madame M... — Cent cinquante personnes! — Rien vu de bien remarquable. — L. M.

voulait me faire admirer une assez belle femme, fort bien mise, qu'il dit un précipice de glace et de neige. — Je l'ai regardée assez longtemps sans que la tête me tournât, sans éprouver le moindre vertige. — Je ne ferai point le saut (ou le sot) dans cet abîme de froid condensé. — Pourquoi les femmes font-elles tant abus de cette *mâle* coiffure, le turban, avec lequel elles se rêvent un air oriental fort ridicule?

Dimanche, passé ma soirée chez... Cette jeune fille *aux cils dorés* s'inclinerait-elle de notre côté? Hein! hein! ma fatuité commence de le croire. Dans tous les cas, je ne veux pas la voir souvent, quoique je sois bien sûr que je ne puis l'aimer. — Il n'en est qu'une dont le seul *souvenir* est plus fort que les *réalités* les plus charmantes.

Aujourd'hui, levé à neuf heures, — rangé une foule de papiers qui m'ont *re*précipité dans le passé. — Brûlé les lettres de mon frère sur ses bonheurs à Thorigny dans le temps de son amour pour Élysabeth de V... Il ne faut jamais relire ces lettres-là.. — Lu le pitoyable ouvrage de Billiard qu'il appelle un *Essai d'organisation démocratique*, et moi de désorganisation publique. — Vu L. B... et fait un vrai cours de journaux. — A cinq heures allé chez la marchesa, — nerveuse, agitée, taquine, irrégulière, mais après tout aimable! — Dit toujours que je ressemble à Jean Sbogar, ce qui ne me plaît pas trop. — Tous ces brigands sont de mauvais ton, et un gentleman ne doit pas avoir un air de sac et de corde. — Mais la marchesa raille parfois ! — M'a prié à dîner, et ai refusé, de caprice, le diable sait pourquoi ! si ce n'est par ce qu'il aurait fallu la quitter de bonne heure à cause de mon rendez-vous avec A. R. — Dîné gloutonnement au café Riche. — Pensé à G... qui aimait les salles vastes, retirées, silencieuses de ce restaurant. — Quand y dînerons-nous *insieme?* — Allé à Corazza et remonté chez moi. — A. R. est venu comme il me l'avait promis. — Pris du thé et causé, — moi, c'est-à-dire, car lui c'est une lenteur d'esprit vraiment curieuse, — moi donc avec une impétuosité foudroyante. — A. R. parti, repris le Billiard qui m'a ennuyé, — puis de l'Italien, — puis ai refondu le commencement de cette nouvelle laissée là mais que je veux finir. — Écrit ceci et vais me coucher, mon feu s'éteint et il est deux heures du matin.

14.

Deux jours sans noter, mais l'affaire marche et tout ira bien si le journal en question peut être fondé. — Travaillé, mais sorti une partie du jour. — L'action extérieure secoue mes pensées et dans ce moment doit m'être bonne, car si je m'abandonnais à ce qu'elles ont de sombre, d'inspiré par la réalité, je tomberais peut-être dans le découragement, malgré la force de mon espérance.

Aujourd'hui, levé vers dix heures. — Habillé et sorti presque immédiatement pour les journaux que je dois lire *tous* et *tous* les matins. — C'est la pêche aux idées politiques. — Déjeuné avec des œufs et du chocolat à Corazza, témoin Gaudin que j'ai accompagné jusqu'au rond-point des Champs-Élysées, moitié pour lui et moitié pour le beau soleil. — Un temps superbe, seulement froid, et la promenade jolie avec foule de femmes en mante de satin et en fourrures. — Les femmes roulées dans les peaux de bête m'ont toujours plu. — Tant d'*apprivoisé* sous toison *farouche* est un contraste gracieux. — Allé chez L. B. — Parlé politique, journaux, droit public. — Resté jusqu'au soir et revenu chez moi pour ma toilette. — Trouvé un billet de la *mia marchesa*, coquet et parfumé comme elle. — M'invitait à dîner, mais comme elle n'était pas seule et que j'avais résolu d'aller à Valentino *questa sera* et que j'avais soif de musique, j'ai envoyé le plus touchant *non* que cruelle ait écrit ou dit d'un air tendre. — Dîné très sobrement et seul, — puis allé au Concert où les femmes n'étaient ni belles, ni bien mises. — Aridité ! —

Ils ont donné deux symphonies d'Haydn pleines de charme. — Revenu par le Boulevard sous une lune perçante. — Je rentre et vais lire dans mon lit une heure ou deux. — Je n'ai pas sommeil et il faut jeter le sarment sur la flamme.

Mem. — Penser à me *re*fourrer à l'Allemand, — non pour les livres mais pour les relations de journaux et par suite d'affaires.

17. Dimanche.

Deux jours de routines vécu, sans plaisir et inutiles à rappeler. — J'ai vu madame F... qui veut me conduire chez madame Ch... fort riche, fort élégante, fort belle, et ce qui m'intéresse davantage encore, fort bien disposée en ma faveur et très curieuse de me connaître. — J'irai, mais je voudrais que ce fût après le premier de l'an. — Hier envoyé des chiffons en cadeau à la maîtresse de G... chez qui je soupai. C'était sa fête. — Aujourd'hui temps perdu pour la tête. — Ai pas ouvert un livre et pas écrit un mot. — Misérable vie! j'en suis las! Mais qu'être donc et que faire? J'ai mal au cœur de tout, horrible disposition!

> Tout est néant dans la vie,
> Excepté — d'avoir aimé!

Tout bien réfléchi, c'est encore là la Sagesse.

Dormi jusqu'à onze heures, — j'étais rentré si tard ou plutôt si matin! — Habillé, — coiffé, — avalé un œuf et un bouillon, — puis allé boire du café et lire les journaux à Corazza. — Allé *muy lindamente* et à pied, ce qui est très fort pour moi, jusqu'au Marais chez madame M... Pas trouvée. — Revenu, toujours à pied. — Allé chez la marchesa. — Causé avec vérité et chaleur. Dîné avec elle et resté jusqu'à huit heures et demie. — Elle soupait chez le général d'Oud... et j'avais ma toilette pour le soir de chez madame L. R. — L'ai trouvée (madame L. R.) armée de doux reproches. — Assez de monde, — entre autres madame Lh... mon ancien caprice, que deux ou trois phrases vulgaires dans sa bouche ont tué avec impossibilité qu'il renaisse. — Sa fille n'est pas jolie, — je me suis fourré à côté d'elle au thé pour le constater, car elle m'avait paru *bien* au bal. — Il faut aller au fond de ses impressions si l'on veut les amoindrir et les effacer. — M. N. au nom qui me charme était là. — Elle devrait toujours montrer ses épaules brunes, ardentes, un peu hâves et qui promettent à travers leur morbidezze des voluptés enflammées. —

Ironisé tout le temps. — Je rentre et je me jette au lit fatigué.

20.

Lundi 18, travaillai le jour et allai passer la soirée chez la marchesa. — N'était pas seule. — Rentrai tard et me mis au lit sans avoir le courage de rien noter.

Hier, dîné chez la marchesa et allé avec elle au théâtre Saint-Antoine. — Une bonne soirée et qui m'a fait du bien dans ma disposition d'âme et de corps, car je ne me sens pas bien, même physiquement. — Énervé. — Lu tout le jour du Saint-Simon que j'ai repris. — Ne suis pas sorti. — Le temps est humide et sombre. — Un damné temps pour le moral!

Vu G... et M... qui est venue m'apporter une lettre de... — Vais reprendre ma lecture ou quelque autre occupation ; — je crains le *far niente* dans la solitude. Tout mal vient de ce qu'on est seul.

22.

Hier 21, allai voir la marchesa le soir et restai avec elle et avec B... à dîner. — Je rentrai de bonne heure et

me couchai « *comme le plus indifférent enfant de la terre.* » —
Aujourd'hui pas plus mal qu'hier, même mieux, astreint
au régime sur lequel j'ai renchéri par la diète. — Écrit
un paquet de lettres à ... jusqu'à trois heures. —
Allé au bain, que j'ai pris, comme tout bain doit être,
chaud et long. — Affaibli, mais une sensation qui ne
me déplaît pas trop, celle de l'anéantissement. —
Revenu et vais me mettre à lire. Il est près de sept
heures et je n'ai pas encore mangé.

Dîné et avec appétit. — G... est venu et M. aussi.
— Causé. — Mis au lit après le départ de G... — Fini
le dix-huitième volume de Saint-Simon. Toujours aussi
content de cet ouvrage.

23.

Bien dormi, grâce à l'opium. — Reçu ce matin une
lettre de Guérin dont, à mon grand regret, voilà le
retour retardé. J'aurais eu un grand plaisir et plus
même que du plaisir à le revoir dans les circonstances
actuelles qui ne sont pas couleur de rose. Il me
parle de ce qu'il appelle son roman, que je trouve
doux et heureux et qui ne ressemble guères au mien,
lequel a été tout le contraire, avec cette autre différence en plus que sur le sien il peut fonder l'his-

toire d'une vie agréable, d'un avenir dans ses goûts et de la culture de son talent, tandis que moi je suis réservé à l'isolement et à une vie fragmentée de toutes manières. — Je devais aller voir sa *promise* demain, mais le temps est à la pluie et je suis souffrant. — Donc, non, si le temps continue à être mauvais.

Allé au bain, — Pris un bouillon et revenu chez moi au coin de mon feu à le regarder flamber dans une grande misère d'esprit et de cœur. — J'appelle cela la *sensation du néant*. — Dieu me damne! je crois qu'elle me devient habituelle! — Je dîne chez Gaudin.

Au soir.

Dîné férocement chez G... avec des viandes saignantes dignes de la cuisine des Kalmoucks. — Vu boire à ces messieurs ces brûlants alcools que j'aime et auxquels je n'ai pas touché. — Resté peu de temps à causer et chanter. — Plus on est triste, plus le chant s'empare de vous et vous emporte. — La gaîté de l'homme est une ironie. — Ne suis pas allé chez la maîtresse de G... ce soir parce que mes cheveux n'étaient pas bouclés, spirituelle excuse! raison digne d'être donnée à une catin! — Par conséquent n'ai pas vu cette jolie petite vipère si blanche, si blonde et d'un si suave sourire qui m'a distillé, avec tant de charme, sa goutte de poison. — Revenu. — Travaillé à ma nouvelle sans titre et relu le commencement de *Ryno*, que je refonderai. — Il est bonne heure : mais comme il faut tenir à ses résolutions sous peine de se mépriser, je vais me jeter au lit et lire l'histoire de Lingard. *Buena noche*. — C'est demain Dimanche. Il y a un an j'étais à Caen auprès d'Aimée. Aujourd'hui *seul!*

26.

Hier (Noël) — allai au bain, — m'y trouvai mal, — et restai sous l'influence de ce bain toute la journée. — Le temps était doux et bas. — J'allai promener avec la marchesa. — J'aime à avoir cette femme au bras ; elle est belle et imposante comme la belle marraine de Chérubin. — Passâmes chez Susse où je vis la *Madeleine* de Canova en bronze, que je ne connaissais pas. — La beauté est grande, mais c'est surtout la pose qui est géniale. — Sublime! en vérité! — Le soir dînai avec les F... chez Rosset et les quittai pour la maîtresse de G... chez qui j'achevai la soirée. — N'écrivis rien.

Aujourd'hui mieux, — beaucoup mieux, quoique jusqu'à trois heures j'aie été victime d'un grand abattement. — Mais c'était le moral, le moral, inguérissable maladie ! — L. B. est venu. — Cet homme trouve toujours le secret de m'impatienter *intérieurement* quand il me parle de moi-même. — Je voudrais croire à son amitié. — B. est venu aussi. — Écrit une lettre amère et désespérée à... — Le fait est que ma position s'aggrave et que l'inquiétude me travaille. — Sorti. — Chez le docteur G... — De là au faubourg Saint-Germain. — Les Tuileries charmantes de mystère, de tomber du jour, de feuillages dépouillés et de vent sonore. — Commandé un chapeau chez D... — Reçu mon article de la Revue, — assez content de l'impression. — Dîné chez la marchesa, d'où je sors et un peu tard (il est minuit) pour un malade comme moi. Mais qui peut résister à la causerie avec une belle femme, dans la nuit, sur la même *causeuse*, aux rayons de la lampe et près d'un brasier qui s'éteint ? — Rentré, — écrit un billet et ceci.

27.

Levé vers onze heures, toujours mieux et pas si abattu qu'hier. C'était une affaire de nerfs, je crois, de tempérament, peut-être de foie, car il y a tout autant de raisons *intellectuelles* et *sensibles* pour que je le sois autant qu'hier, et cependant je ne le suis pas. — L. B. est venu dix minutes. — Déjeuné, par ordre du médecin. — La diète étant, à mon sens fort ignorant et imprudent, le meilleur de tous les régimes. — Écrit une lettre *promise* hier à la marchesa, — puis coiffé et habillé et sorti.

Un temps doux, doux, — avec un rayon de soleil par-ci par-là. — Allé au cabinet littéraire lire les journaux. — Il paraît que les Canadiens ont été frottés d'importance, mais quoi qu'il en soit, la partie est sérieuse pour les Anglais et le discours de Lord Russell est très significatif. — Il révèle d'inextricables embarras. — Revenu ici et écrit une lettre à P... pour qu'il m'envoie des livres, de la pâture pour les dents du boa. — Déchiqueter me convient assez. — Penser à revêtir tous mes articles d'une éternelle ironie. C'est encore (et de beaucoup) la meilleure forme que l'esprit puisse prendre dans ce monde de gravité gourmée, mascarade ennuyeuse à mourir de l'élégante société française. J'ai l'horreur et même physique de la gravité du xixe siècle, un pauvre siècle après tout! à échanger contre le premier venu.

Au soir.

Dîné chez Gaudin. — Il fallait que le cher garçon allât à quelque spectacle ce soir (mais pas seul, avec sa beauté, je suppose), pour nous quitter aussi drôlement qu'il nous a quittés. — Descendu à Corazza où j'ai pris du café mais sans alcool. — Attendu L. B. avec qui je devais aller à l'Opéra, mais il n'est pas venu, et je suis descendu à Valentino écouter du Beethoven que je préfère à tous les opéras possibles. Assez de monde, — entre autres la maîtresse du duc de G... avec qui j'étais en loge l'autre jour aux Variétés et la jeune fille qui l'accompagne *siempre*, — pas jolie, pas remarquablement tournée, mais une courbe gracieuse d'épaule bien tombante : — du reste l'air de ce qu'elle est : — Élève de l'école militaire des catins. — Je rentre les nerfs bien et la tête saine. J'ai envie de lire dans mon lit l'ouvrage de Michel Chevalier sur l'Amérique. Voyons!...

. . . .
. . . .

8 Janvier.

Oh! oh! oh! encore une fière pause. Quel soubresaut il fait, ce *char de la vie,* comme dit Pindare. — Les jours en blanc sur ce Memorandum, pourquoi ne le sont-ils pas de même dans ma mémoire? Du moins ce serait cela de gagné! J'admire dans quel petit cercle se traîne la vie! comme ce sont les mêmes soins, le même détail de jours, les mêmes douleurs, le même ennui! L'esprit lui-même, qui devrait modifier de sa variété la monotonie des événements qui se jouent autour de nous et qui nous frappent, l'esprit lui-même n'a qu'un petit nombre d'attitudes bien vite épuisées. — J'ai essayé de beaucoup de choses (car enfin l'homme doit connaître, ne fût-ce que pour connaître) et rien encore ne m'a satisfait et retenu. J'essaierai quand je le pourrai de la vie des voyages, mais j'ai comme le pressentiment du néant de cette vie. Je ne vois encore que la vanité qui dure en nous et dont les jouissances ne tarissent pas. Cela révoltait avant-hier chez la marchesa où je le disais, parce que par vanité encore les hommes sont trop couards pour se juger.

Rien de nouveau en politique : si ce n'est que l'opinion à la Chambre des Pairs s'est prononcée pour l'Espagne. — Thébaut est revenu, m'a dit G..., mais n'ai rien vu de sa glorieuse personne, glorieuse et triomphante, car il est revenu *with Money*. — Il est heureux, — moi non, mais à sec. — C'est comme ce poverino de Guérin qui voudrait bien revenir de là-bas où il ne s'amuse guères. — Ici s'amuserait-il davantage ? C'est douteux, mais il aurait son Ange et nous bâillerions ensemble, ce qui, du reste, est assez doux en fait de bâilleries.

Pas mieux ni pis, — c'est déjà fort honnête, car depuis quelques jours, j'ai fait assez de folies pour être plus mal. — Levé vers onze heures. — Le lit est ma maîtresse favorite. — Écrit à Aimée L. F. pour réparer de vieux torts de négligence. — Écrit ceci, — vais prendre quelques notes tout en me faisant coiffer, et sortir. — Il fait beau, mais froid, — il gèle.

Au soir.

Allé chez le docteur G... De là chez G... et remonté le Boulevard ensemble jusqu'à la hauteur de la rue de... qui, par parenthèse, n'était pas chez elle. — Revenu chez la marchesa qui m'a retenu à dîner avec son mari et les habitués. — Resté à causer jusqu'à onze heures. — Descendu lire les journaux à Corazza. — Rien de neuf. — Rentré glacé par un temps de froid atroce. — Ai trouvé une lettre de ... et de *suite* en ai éprouvé l'influence qui est magique, en vérité. — Elle m'envoie les plus charmantes pantoufles qui se puissent imaginer, — arabesques de velours vert, rouge, bleu, blanc et or, sur un fond noir ! — un Pacha n'en a pas de plus belles ! — Couché, enveloppé dans les pensées de la lettre de... dont je n'ai pas voulu troubler l'harmonieuse influence par le travail.

Vendredy 12.

J'ai passé les trois jours en blanc au travail, sortant le soir chez la maîtresse de G... excepté hier. — Nous dînâmes avec Thébaut chez Véfour, — je ne bus point, mais j'eus le plaisir de voir ces messieurs, Gaud. Théb. et Rouyer se lancer dans de sublimes déraisonnements à l'aide des bouteilles. — J'étais assez d'humeur d'aller à quelque bal masqué finir la nuitée, mais un mal d'estomac de G... fit barre à ce projet. — Je rentrai donc et lus une partie de la nuit dans mon lit.

Aujourd'hui levé à midy. — Lu toujours cet ouvrage sur l'Amérique, excellente relation, mais qui n'est pas plus qu'une relation, — bonne quand les idées de l'auteur n'apparaissent pas. — Pris des notes et vais m'habiller pour sortir. — Le temps est au soleil et moins froid que les jours précédents.

16 Février.

Les oublierai-je ces jours qui ne sont pas là ? — Souffert, souffert, souffert ! Le grand mot, le mot de toutes les pages ! L'éternelle chose ! — Quelle variété dans les mouvements du cœur ! — Il y a des cœurs comme des esprits, inétendus, étroits, exclusifs ; n'ayant qu'un sentiment comme une idée. Il y en a d'autres qui en ont plusieurs qui se croisent et qui se dévorent. Quels les plus à plaindre ? Quels les plus à admirer ?

Singulière situation d'âme dans un corps malade que celle de tous ces jours ! Je ne suis pourtant pas resté à me faire manger tout vif par la douleur, je me suis lancé aux surfaces. — Ai vu et pris du bal masqué plus qu'il ne m'en faut pour tout ce qui nous reste du carnaval. — Soupé en *bonne compagnie* de débauche à plusieurs reprises et n'ai pas (je le dis à ma confusion) senti la moindre verve en moi. — Toujours ce froid de vieillesse qui m'atteint sitôt ! — Cependant il me reste des côtés jeunes aussi, car cette force d'attachement qui ne demande qu'à se prendre en dehors des sens et de l'intelligence à ce pourquoi les sens (du moins dans leur partie la plus grossière) n'ont pas beaucoup palpité et à ce que l'esprit, ce rude despote, a classé *inférieur*, cette force qu'il faut réprimer pour ne pas en être l'esclave, est de la jeunesse, survivant au dégoût, au *blasé*, à l'indifférence, à tout ce dont mon âme est pleine !

Moi qui ne rimaille plus ou presque plus, j'ai fait une chanson ces jours-ci : mais non *pour Marie Duff ma première flamme,* comme disait Byron.

1

Si j'avais sous ma mantille
  Cet œil gris de lin,
Cette gracieuse cheville
Dans mon svelte brodequin,

2

Si j'avais ta morbidezze,
  Tes cheveux dorés
Retombant en double tresse
Jusque sur mes reins cambrés !

3

Si j'avais, ô ma pensée !
  Dans mon corset blanc,
Ta blonde épaule irisée
D'un duvet étincelant,

4

Et cette enivrante chose,
    Et ton plus beau don,
Sur laquelle l'Amour pose
Ses lèvres... et pas de nom !

5

Enfin si je semblais faite
    Pour donner la loi,
Si j'étais, ô ma Paulette,
Aussi charmante que toi,

6

Je voudrais être une Reine
    Fière comme un paon,
Dont on aurait grande peine
A baiser le bout du gant !

7

Je ne serais pas de celles,
    Froides à moitié,
Qui d'abord font les cruelles,
Et puis après ont pitié.

8

Je serais une tigresse
    Rebelle aux amours,
Cachant la griffe traitresse
Dans ma patte de velours.

9

Je ferais souffrir aux âmes
 Mille bons tourments,
Et je vengerais les femmes
De tous leurs fripons d'amants !

10

Et sans l'éventail qui cache
 Deux beaux yeux menteurs,
Je rirais sur leur moustache
De leur flamme et de leurs pleurs,

11

Et je passerais ma vie
 A les désoler,
Et je serais si jolie
Qu'il leur faudrait bien m'aimer !

12

Et puis, si d'aimer l'envie
 Un jour me prenait,
Je n'aurais de fantaisie
Que pour celui qui dirait :

13

« Si comme toi j'étais faite
 « Pour donner la loi,
« Je serais une coquette
« Plus coquette encor que toi ! »

14

Aime-moi donc, ma Paulette,
O mon blond trésor!
Aimer un fat? toi, coquette!
C'est comme t'aimer encor!

Hier j'ai rompu *haut* et *net* avec des habitudes qui commençaient à m'entortiller dans leur réseau *charmé*. Je suis allé passer le soir chez madame L. R. mon *amie* à présent, mais qui n'a pas encore déposé mille inquiets scrupules aux pieds de l'amitié qui nous unit. Le fera-t-elle plus tard? — Soupé à Corazza parce que je n'avais pas dîné et me suis saturé de lecture jusqu'au jour, ce matin.

Cependant levé de bonne heure pour moi, qui passe en ce moment une partie de mes jours *in bed*. — Habillé. — Sorti. — Allé chez B... De là chez Guérin qui est revenu et qui demeure chez sa fiancée, nid charmant où le voilà tapi, sans compter et en attendant l'autre. — Resté à causer jusqu'à quatre heures avec ces dames. — La jeune fille est plus châtain foncé que je ne pensais. — Remonté avec Guérin jusqu'au Palais-Royal où j'ai pris des livres. — Entré six minutes chez B... pour lui parler de Gaudin qui revient Lundi de Normandie. — Devais dîner en cérémonie chez la marchesa, mais en m'habillant, une espèce de pamoison et des vomissements de bile (je n'avais rien mangé de la journée) m'ont pris tout à coup et j'ai envoyé un billet d'excuses et suis resté.

Ne suis pas plus mal grâce à de l'eau très sucrée, très chaude et que j'avale par torrents. — Ecrit ceci et une lettre à madame A. — Vais me mettre au lit et lire jusqu'à extinction de la faculté attentive, laquelle fait souvent plier en retraite le sommeil.

. . . .

Mars.

Depuis le dernier Memorandum que s'est-il passé ? — Toujours la même chose pour le fond avec seulement un peu de variété pour la forme. — La vie matérielle a crié de toutes parts ; je ne connaissais encore que les réclamations de la vie morale. — Où donc est le pire des deux ? — Sans P... chez qui j'allais tous les soirs me décharger de mon fardeau, je serais retourné à l'opium. Elle m'a fait du bien et je sentais (disposition éternelle) que j'allais m'attacher trop sérieusement peut-être. — Maintenant c'est fini ; le cruel moment est passé. L'ennui et le vide ont redoublé en dedans de moi et autour de moi, mais le coup qui m'a frappé ne m'a point abattu. Il était temps. — Qui sait même si celle des deux qui s'est éloignée la première ne reviendra pas.

J'ai été malade et ai passé une nuit au corps de garde pour avoir — singulière aventure ! — écrit des lettres toute une nuit sur le divan de deux catins dont j'ai respecté le sommeil comme si c'eût été celui de l'innocence. — On ne le croirait jamais si je le racontais et pourtant cela est la pure vérité. — J'ai traité les agents de police comme des valets de carreau et avais fort envie de les rosser pour leur apprendre la politesse. — N'ai eu qu'à me louer de l'officier commandant le poste et même du poste tout entier.

Aujourd'hui, la tête un peu plus libre que les jours précédents, j'ai pu reprendre le travail et sortir de l'infernal décousu dans lequel je végétais. — Éveillé de bonne heure malgré la nuit, car j'avais pris le thé hier soir chez la fiancée de Guérin et j'avais, en homme qui n'a pas dîné, avalé une pyramide de gâteaux. — Pas malade pourtant malgré cet excès. — Reçu une lettre de Léon. — Écrit à Ernest. — Puis mis à lire et à finir les Mémoires du maréchal de Richelieu jusqu'à trois heures. — Guérin est venu. Causé. — Habillé. — Allés ensemble jusqu'au faubourg Saint-Germain chez K... Dîné chez C... Lu les journaux à Corazza. — Rien de neuf. — Gaudin est venu et m'a quitté, si bien que ne sachant où aller, et luttant ou plutôt ne luttant plus pour retourner chez P... j'ai tué le temps au Boulevard sous un clair de lune Élyséen et par un temps d'une fraîcheur un peu froide. — Acheté des violettes, — commencent à sentir bon. — Rentré triste, comme je rentre toujours, — mais davantage, car quelque chose, ces jours-ci, s'est détaché de mon âme. — *Va dans un couvent, fais-toi moine!* Heureux ceux qui le peuvent comme Léon. — Écrit ceci et vais lire ou écrire, car, je le sens, *Richard est redevenu lui-même.* — Ainsi, allons!

16 Mars.

Éveillé à neuf heures et lu dans mon lit jusqu'à midi les Mémoires de madame de Motteville, ouvrage écrit avec un grand charme. — Levé, habillé. — Lu jusqu'à quatre heures l'*Histoire de la Papauté* par Ranke, — un Allemand! un protestant! deux bonnes raisons pour qu'il me soit antipathique. — Pie V, Sixte V, deux grands hommes! le premier plus encore que le second. — Moins dur, moins impitoyable que Sixte, dont le caractère est naturellement violent; — aussi dur, aussi impitoyable, non par caractère, mais par résolution, quand il s'agit de l'Orthodoxie en péril. — Donc plus impersonnel, donc supérieur!

A quatre heures, allé chez le médecin qui m'a fourré au régime. — Toujours souffrant. Quand cela finira-t-il? — De là chez mon invisible tante. — De là chez G... — De là dîner. — Après dîner, mille irrésolutions m'ont agité et me suis décidé pour Guérin. — Ai passé la soirée avec son excellente et future famille. — Assez gai d'expression comme lorsque l'intérieur est bien noir. — Je m'aperçois encore de cette espèce de rupture, quoique l'impression en soit vaincue. — Rentré vers minuit. — Fait diverses choses et couché.

17.

Eveillé à dix heures, lu dans mon lit madame de Motteville jusqu'à deux. — Levé, — fait du feu. — Un temps à la pluie, un horrible temps de Mars. — Ecrit une demi-douzaine de lettres, une entre autres à *Tebaldo*, toute mélancolique à cause de l'absence. Il nous a quittés pour ne plus remêler sa vie à la nôtre. — C'est triste comme toute fin. — Dans dix ans, auparavant peut-être, il aura femme et enfants au fond de sa province, et nous, que serons-nous devenus? — Les lettres écrites, fini le deuxième volume de l'Histoire de Ranke. — L'esprit sans nerf, et le corps sans énergie. — Ai refusé d'aller à ce bal demain chez madame M... Qu'y ferais-je dans la situation actuelle de mon âme? Une fête ne me sortirait pas de l'épaisse tristesse qui se redouble chaque jour en moi.

D'ailleurs je dîne demain (Dimanche) avec l'aimable et pur Aristide. Un tête-à-tête long, causeur, les coudes sur la table, et probablement nous irons dépenser notre soirée à quelque spectacle. — J'ai renoncé à toute boisson fermentée et nous ne nous enivrerons que de nous-mêmes et du passé; car le passé tient aussi sa place dans le cœur si noblement misanthrope d'Aristide B... — Je l'aime et lui voudrais un bonheur que probablement ses facultés délicates n'auront jamais. — Dîné avec appétit et sans mal d'estomac après. — G... et B... sont venus. — Causé de part et d'autre sans entrain. — Eux partis, parcouru la *Revue des Deux Mondes*. — Il y a une vieille et méchante rabâcherie de Planche sur Hugo. — On n'a pas raison de plus cuistre manière et voilà justement ce qui me fâche! Du reste, rien autre chose. — Écrit ceci en remuant je ne sais quelles sources amères et dormantes : — Je ne veux pas parler mes pensées. — Non! qu'elles me brisent plutôt! — Vais me jeter au lit et puisque le sommeil n'est pas à mes ordres, y continuer à lire et à travailler. Mais, hélas! aurai-je l'attention nécessaire? — Toujours elle se détourne et revient aux pentes de ces derniers événements. — Je sais bien que je suis maître de moi et que je n'agirai pas, mais le regret vit au fond du cœur déchiré et telle est notre impuissance à nous juger, que nous découvrons mille racines qui cherchent à se rejoindre comme des tronçons saignants, dans des liens brisés.

18.

Éveillé de bonne heure. — Levé aussitôt pour perdre la sensation du réveil que la pensée de... (toujours cette *Moza !*) rendrait encore plus amère quoique étouffée sous les griffes de la volonté. — Un coup de peigne. — Allé au bain. — Le temps meilleur qu'hier et le soleil derrière de grosses nuées qu'il fendait. — Le bain chaud, long et suivi d'un déjeuner assez copieux arrosé de vin de Bordeaux. — Préoccupé de cette lettre de Guérin. — Pas heureux avec tous les éléments de bonheur ! Misère secrète ! Car il dit vrai; il n'a pas d'affectation avec moi. — C'est à renier Dieu après cela. — Rencontré L. B. qui m'a chanté son éternel refrain de capricieux et de caprice. — Pourquoi pas ? Une liaison durable et de tous les jours avec lui me met sur les dents. — Il est le seul des hommes que j'aie intimement connus avec lequel il en ait été ainsi; il me fatigue, et voilà justement ce que je ne puis pas lui dire pour m'excuser de ce qu'il prend pour inconstance d'humeur. Moi inconstant! Que ne le suis-je! et oublieux, surtout dans ce moment où je trace ces mots! — Rentré et lu, au coin du feu, cette Motteville si gracieuse et si chaste. — Me plaît! — A. R. est venu, — m'a ennuyé, — a fait pis encore, m'a lu des *vers* et à *l'envers*. — Est resté un siècle; il n'y a rien à gagner dans la conversation filandreuse de cet homme-là. — P... est venu aussi pendant que je m'habillais. — Sorti à six heures, le temps sec, froid et le ciel bleu. — Dîné avec Aristide longtemps, chaudement, remuant mille idées. — Bonne chose que de dîner ainsi. — Allé chez Musard où était Gaudin et un monde fou *d'endimanchés*. — Acheté un bouquet de violettes chez A... un gros bouquet de violettes que voilà exhalant ses parfums *mourants* dans cette coupe funèbre, faite d'une *tête de morte!* Ainsi la vie y tarit une seconde fois. — Il n'est pas tard, — le quart avant minuit, — mais je me couche et lirai plutôt dans mon lit. Je suis las et d'une altération brûlante. Aurais-je un peu de fièvre par hasard?

19.

Une journée vide! — Lu jusqu'à midi les *Mémoires* de la Motteville. — Cette Fronde m'ennuie et ce Parlement me fait mal au cœur ! — Écrit à mademoiselle de G... et à mon débiteur Paquis, dans laquelle lettre j'ai fait une bévue dont je ne me suis aperçu qu'après et lorsque la lettre a été partie. C'est agréable ! — Lu jusqu'à cinq heures sans désemparer. — Un temps à la pluie et à la tristesse. — Souffert. — Dîné chez G... — Allé au café. — De là chez la marchesa qui n'y était pas. Je ne sais pas ce que j'aurais donné ce soir pour ne pas être moi-même. — Rentré et lu tout un in-8º (*La Chasse aux fantômes,* joli titre,) de Frémy. Mais le livre est mauvais quoique écrit avec assez de légèreté, ce qui est un mérite dans ce damné temps d'affectations pédantesques. — Couché.

20.

Une nuit cruelle d'agitations et d'insomnies. — Éveillé fatigué, brisé et l'esprit noir. — Ces nuits me vieillissent de dix ans pendant les deux premières heures du réveil. — Écrit un paquet de lettres dans mon lit. — Il est une heure et j'attends le coiffeur. — J'ai un rendez-vous avec A. R... que je vois par utilitarisme, car sa conversation n'a pas le moindre intérêt pour moi. — Pas sot pourtant, et excellent garçon, mais ne m'attirant pas comme je le voudrais.

Ai refusé un bal costumé pour Jeudi chez madame T... Décidément je me range. — Mais peut-être irai-je dans cette fournée brûlante de catins qui chauffe sous la musique de Musard. Si je croyais y rencontrer... cette énigme vivante, j'irais peut-être, et cependant il vaut mieux rester, car tout n'est-il pas fini entre nous? Et pourquoi rappeler le passé à qui l'oublie? Pourquoi?... Mais non! — non!... je n'irai pas!... — La porte s'ouvre : c'est le coiffeur.

Au soir. Minuit.

Je rentre. — Je ne souffre pas physiquement, du moins ce soir, et j'espère que ma santé va aller mieux. — L'âme moins oppressée aussi. — A trois heures, sorti et allé chez la marchesa. — Les habitués y sont venus et nous ont laissés seuls. — Elle m'a conté sa vie de mouvement et de distractions, mais, hélas! elle fatigue son cœur et son esprit sans intéresser ni l'un ni l'autre. — J'avais raison! la satiété et une imagination exigeante l'ont enveloppée dans un manteau de neige pour la froideur et la pureté.

Elle dînait en ville et suis resté à causer d'*abandon intime* avec elle jusqu'à l'heure où je l'ai mise en voiture. — Ses jugements sur les autres deviennent aussi plus virils et plus fiers. — Bref, elle s'élève dans l'échelle des êtres moraux. — Dîné seul et avec une friandise fille de l'ennui, père de toutes choses, mais supprimé le vin et le café. — Pensé à Guérin dans ces vastes salons de Riche qu'il affectionnait. — Sous l'impression de l'ennui et du mauvais temps, me suis réfugié au Concert écouter encore une fois cette Pastorale de Beethoven qui est, dit-on, l'histoire d'une vie heureuse. — Rien vu qui mérite d'être rappelé. — Revenu et rencontré cette bonne enfant de Cœcilia Metella qui veut à toute force souper avec Guérin, Gaudin et moi. — Nous verrons quand ce pauvre Guérin sera guéri et ferme sur ses jambes de Silène dont il serait si amusant de compromettre l'aplomb encore.

A noter une faiblesse, ne fût-ce que pour la combattre. — Je ne puis plus voir une capote de soie blanche avec un nœud flottant d'une certaine façon sans la pensée de... et je ne sais quelle palpitation. Je suis sûr que je deviens pâle. Je l'ai éprouvé une ou deux fois ce soir, croyant que c'était... Ignorance de nous-même ! Qui m'eût prédit cela dès le premier jour et même longtemps après, je l'eusse consciencieusement et fortement traité d'impossible.

Jeté au lit, — écrit ceci et vais griffonner une lettre à Guérin.

21.

. . . .

22 — au soir.

Hier ne notai rien. J'étais sorti toute la journée et je rentrai très fatigué. — Le matin j'étais allé chez ma tante faire de la politique inutile si ce n'est à briser les résistances de l'esprit et ses dégoûts. — Le soir chez la *fiancée* de Guérin, c'est-à-dire jusqu'au dîner. Toujours de plus en plus content de cette famille.

A onze heures et demie il m'arriva une singulière aventure au Boulevard. Je m'en revenais, embossé dans mon manteau. Une femme bien mise (en noir) passa sans me regarder, et après m'avoir devancé revint brusquement sur ses pas et se penchant pour n'être pas vue, mais entendue, me jeta dans la nuit le nom de P... en me reprochant de ne plus la voir. Puis elle se sauva. — Cette femme était petite, mais n'avait pas la taille d'*épi mûr* de celle dont elle parlait. — Ne la reconnus pas, n'ayant vu aucune femme chez P... Une dévorante envie de la suivre et de lui demander raison de son espèce de reproche me fit faire quelques pas. — Je m'arrêtai pour dompter le mouvement intérieur qui m'emportait. — Je ne veux pas avoir l'air de tenir à ce qui n'est plus. — Et si mes regrets saignent, que ce soit en silence.

Aujourd'hui lu et écrit dans mon lit jusqu'à une heure. — Levé et habillé. — Allé acheter un camélia pour mademoiselle M. de L. F. que je lui ai envoyé avec le plus séduisant billet. — Du reste, avec cette femme brave, cordiale, gaie et d'une vie éprouvée, je pense tout ce que je dis. — Descendu chez la Graciosa, — parcouru les journaux et demandé des livres qui pour la pauvre Graciosa semblent n'exister que dans les bibliothèques de la Lune dont il me serait tombé un catalogue par hasard. — Allé chez Gaudin, et badaudé ensemble à regarder les masques au Boulevard (car c'est aujourd'hui la Mi-Carême). — Le temps beau mais froid et pénétrant jusqu'à travers le manteau. — Dîné chez Gaudin et mangé copieusement ce que Louis XVIII appelait si royalement de *la Gigue*. — Descendu à Corazza où j'ai pris plus de lait que de café, maintenant toujours les rigueurs du régime. — Allé jusqu'au passage Saulnier, G... et moi, chemin que j'ai fait tant de fois. — Raillé, G... et moi, de nos souvenirs; j'ai plus raillé que lui, mais... mais... toujours mais ! — On crache à la face de sa douleur comme si cela la diminuait, et puis pourquoi révéler ses pensées quand on se conçoit à peine soi-même ? — N'est-il pas des *deuils* que l'on ne doit jamais *porter ?*

G... m'a quitté, — moi suis rentré et ai trouvé une reconnaissante lettre de mademoiselle M... Fait diverses choses, et écrit ceci dans mon lit. — Je vais lire maintenant. Ils dansent comme des fous, eh bien, quoique je me sente l'esprit misérable, je ne leur envie pas leurs satanés plaisirs, si ce n'est pourtant une *griserie*. Boire quelque généreux liquide soulèverait le manteau de plomb qui pèse sur mes os, mais au lieu de punch je n'ai que de l'eau tiède devant moi. — Caramba !

23.

Éveillé, les angoisses morales redoublant depuis quelques jours au réveil. — Lu et écrit dans mon lit jusqu'à midi. — Levé. — Habillé. — Allé au Journal de l'Instruction publique, puis au bain que j'ai pris moins chaud qu'à l'ordinaire et dont je me suis trouvé moins bien. — Avalé deux œufs frais et deux verres de Bordeaux. — Passé chez K... — Sa femme est debout à ma grande joie. — Après ce qui s'est passé, il m'est impossible de ne pas m'intéresser à cette créature-là, perméable seulement à l'amour. — De là rue de l'Université pour des livres. — De là remonté à l'Instruction publique où je n'ai pas plus trouvé R. que la première fois. — C'est le titre de la comédie qu'on appelle la *Suite d'un bal masqué* et que les rédacteurs de journaux jouent aussi bien que mademoiselle Mars. — Le fait est qu'il était trois heures et que probablement R... était dans son lit fatigué de sa Mi-Carême.

Rentré chez moi lassé et froid. — Le temps est au soleil de Mars et aux rafales de vent mêlées de neige. — Fait allumer un brasier à brûler tous les hérétiques de la Chrétienté, mais, hélas! on ne les brûle plus, et j'en suis pour mes excellentes intentions, pour mon bois et pour mon charbon. — J'espérais travailler, mais le diable, qui sans doute ne le voulait pas, m'a envoyé L. M. jusqu'au dîner. — Dîné seul vite et bien (lire *beaucoup*). — Gaudin est venu flâner tout le soir au coin de mon feu, mais l'eau-de-vie, comme autrefois n'a pas flambé. — Quand pourrai-je revenir à cette *vie?* Couché de très bonne heure, mais lu dans mon lit et d'un trait les deux premiers volumes de *Glenarvon*.

21.

La nuit meilleure que les précédentes. J'ai rêvé et non plus d'horreurs, mais la *mia bella Marchesa*, belle et vêtue de blanc avec ses grandes et superbes épaules nues, et le reste du rêve n'a pas toujours été un rêve... Mais à présent un souvenir plus récent, une forme plus jeune, une inexplicable *chose* s'est interposée entre nous. *Strange! strange! strange!*

Lu dans mon lit le dernier volume de *Glenarvon*. — Intéressant (pour moi du moins) à cause de *celui* qu'une femme *outrée* a voulu peindre. — Pas de talent, beaucoup de verbiage, une intrigue vulgaire, mais çà et là quelques retentissements d'une passion blessée, quelques traits vrais et beaux. — C'est indécis quoique chargé, mais enfin ce n'est ni Juan, ni Lovelace, ni même Valmont ; c'est à part de ces ressemblances fatales qui se mirent dans toutes les créations des esprits médiocres. Seulement, si c'est Byron, pourquoi ne lui avoir pas donné, à côté de sa pitié, cette suprême ironie qui le distinguait parmi les hommes encore plus que son talent de poète? Quant à la portée mélodramatique du livre, je n'en parle même pas.

Reçu une lettre de ... qui s'afflige de ne pouvoir venir. — La vie pour un jour, un seul jour avec cette femme est-elle donc à jamais impossible ? — Je suis plus calme qu'elle, mais je sens que le lien qui nous unit est aussi inutile pour notre bonheur qu'éternel.

Levé, et souffrant. — Fait du feu. — Le soleil brille cependant, mais c'est Mars que cette lueur jaune et pâle. — Écrit à Guérin, — puis à P... une dernière lettre et *it is for ever, for ever farewell! farewell!*

Griffonné ceci sous l'impression de cette lettre que je viens d'écrire. — Il faut que je sorte à mon grand ennui. — J'aimerais mieux rester là que d'être obligé de rentrer ce soir. — Rentrer dans la solitude me rend plus triste que de ne pas la quitter.

Le soir.

Je suis sorti par un temps affreux et n'ai pu aller par cette raison chez madame de F... *où* je m'étais promis. — Écrit un billet d'excuses. — Rentré immédiatement après le dîner. J'ai lu deux volumes de poésie de Th. Gautier. — A travers mille affectations, il y a parfois du talent, de la chaleur et surtout de la couleur, mais toujours ce maudit système descriptif qui gâte tout, et une imitation de Hugo, leur maître à *trétous* et qu'ils n'atteindront pas. — Essayé de travailler, mais l'esprit stérile. — Griffonné cependant! Mille réalités, pires que des rêves, ont passé dans mon esprit, et que de temps passé dans ces préoccupations douloureuses! Il est bientôt une heure. — Il ne pleut plus, mais la nuit est sombre. — Bu un verre d'eau et vais me jeter au lit.

Dimanche soir, 25.

Une nuit sans rêves. — Eveillé et reçu trois lettres, l'une de mon frère, l'autre de Guérin qui se relève et dont l'imagination se *rassereine*, la troisième de Thébaut, cynique et très spirituelle. — Resté au lit en proie à mille pensées, dans l'effort et dans l'impossibilité du travail. — Répondu à Léon en me levant, — déjeuné par extraordinaire et travaillé jusqu'à quatre heures sans être troublé par aucun visiteur. — Fait coiffer, — habillé, — sorti. — Allé chez Gaudin qui m'avait prié à dîner. — Allés ensemble chez Véfour, — dîné bien et gaîment, lui surtout, car moi je ne bois plus et j'ai depuis quelque temps des pensées qui me tournent sur le cœur.

Allé à Corazza. — Gaud... légèrement animé, étincelant ! — Monté au Boulevard. — Vu personne. — Rentré de bonne heure. — Le temps remonté, beau, mais toujours froid. — Ai trouvé une lettre de P... qui est venue pour me la remettre elle-même. — Elle m'y parle comme si elle m'aimait ; elle m'envie mon bonheur de l'oublier. Il y a de la lassitude dans cette lettre. — Se repent-elle de la résolution qu'elle a prise ? — « Voyons-nous comme amis », dit-elle. — Non !

non! Je vais lui répondre qu'une pareille proposition est un mensonge ou une ironie. — Je clos ici ce *Mémorandum*.

27.

Hier n'ai rien noté. — Je sortis de bonne heure et passai tout le jour hors de chez moi. — Rentrai deux minutes après dîner et trouvai un billet à la tournure-officier de la marchesa qui m'invite à une *griserie* pour Jeudi. — J'irai, mais je ne me griserai pas. — Il faut que je sois sage maintenant, et damnation sur cette sagesse! — Allai au spectacle d'ennui et de *far niente*. — Seul dans une loge, comme je veux être toujours pour jouir du spectacle. — Vis Bocage dans *L'Interdiction*, froide pièce. Bocage est la preuve qu'une volonté tenace ne crée pas le talent. — N'ai remarqué personne que deux femmes à chapeau blanc (catins, je pense, mais jolies,) qui se sont penchées sur le devant de leur loge pour voir jusqu'au fond de la mienne, comme si elles m'avaient connu autrefois, mais le diable m'emporte si je m'en souviens! — Rentré et trouvé une lettre de P... qui me demande une dernière entrevue. Ai répondu que j'aimais mieux ne pas la donner, mais que si elle l'exigeait je *me sacri-*

fierais. — Le passé est si près de nous que j'aimerais mieux ne pas la revoir.

Aujourd'hui, je dîne avec V..., un ancien compagnon de collège, et Mœlibée Guérin, le plus dandy des amoureux de la Nature. — Je vais m'habiller.

Au soir.

Dîné passablement, mais sans boire (moi!). — Allé avec G... au concert Valentino. — Vu là quelques *Lions* et entendu la gracieuse symphonie d'Haydn. — Gaudin nous a rejoints. — Revenus assez gaîment sous un ciel de printemps. — Monté au Boulevard et pris une limonade. — Rentré. — O toujours cet *home* vide et muet! — Fait mille choses. — Lu du Saint-Simon, que je lis quand je ne puis faire autre chose. — Écrivain et penseur du premier ordre sans cesser pour cela d'être grand seigneur.

L'Ironie est un génie qui dispense de tous les autres et même de ce dont tous les autres ne sont pas dispensés, c'est-à-dire de cœur et de bon sens.

28.

. . . .
                                                                  .

29.

Ne notai rien hier. — Je lus jusqu'à deux heures avec assez d'intérêt, ressentant l'influence de ce beau soleil qui se jouait dans ma chambre et qui neutralisait ce réveil *navré* de tous les jours. — Suis allé voir ma tante. Toujours en prières et par conséquent invisible. — De là chez la marchesa. — C'est la seule liaison de femme dont je n'aie jamais souffert : ni caprices, du moins douloureux, ni froideurs, ni maussaderies, ni changements dans le fond du cœur quoiqu'il y en ait eu souvent dans la forme, mais une intimité hardie sans exigences quoique très coquette de part et d'autre, voulant, de part et d'autre, être de l'amour, y échouant, mais n'étant ni moins vraie pour cela, ni moins *confiante*, au contraire. A tout prendre, pourquoi cela ne m'aurait-il pas suffi? Pourquoi? — Je l'aurais moins négligée, elle qui me reçoit toujours la main ouverte avec cette étincelle *perlée* dans l'œil qui dit si éloquemment : *Vous voilà, tant mieux!* et ma vie n'aurait pas été ce qu'elle est depuis quelque temps. — *Oh! siempre la misma cosa!*

Sorti avec elle et le vicomte de B... Allé au Palais-Royal et jusque dans la rue Saint-Honoré. B... affectueux pour moi à un point dont je lui sais un gré infini. — Les ai quittés. — Allé chez L. B... Pas trouvé, mais l'ai rencontré sur le trottoir du Louvre, promenade charmante (du côté de la Seine) à quatre heures d'après-midi par un beau soleil. — Causaillé tout en regardant la statue de Philibert Emmanuel qui me paraît (car je ne suis pas juge) un très remarquable morceau. — Dîné seul. — Ai rencontré D. T. en bonne fortune, mais le diable! je ne la lui aurais pas enviée. Sa femme (pour l'instant) était longue et plate comme l'épée de feu Charlemagne. — Rejoint G... à Corazza. — Monté ensemble jusque chez Aristide B... que j'ai trouvé et avec qui je suis allé promener et au café de Foy où il a pris du punch devant moi, qui pour ne pas insulter aux choses sacrées en ai avalé ce qu'il faut pour enivrer une abeille. — Causé longtemps. — Il est rentré. — Ai remonté le Boulevard avec le double ennui de la tristesse de l'esprit et de la souffrance du corps. — Ai trouvé une lettre de P... une lettre furieuse, et dans les expressions insultantes (mais elle n'insulte pas) de laquelle il y a plus d'affection que dans tout ce qu'elle m'a jamais dit : et pourquoi cette colère ? —

Je lui ai répondu et montré qu'elle avait *tort* avec la plus grande douceur et mansuétude. — Sera-ce donc là la dernière parole entre nous ? — Couché dans l'impossibilité de commander à mon attention.

Aujourd'hui temps superbe ! — Écrit ceci et une lettre à G... — Je vais au bain et rentrerai. — C'est ce soir que je dîne chez la marchesa.

Au soir.

Je rentre et il est une heure du matin. — Allé au bain et pris du bouillon et un verre de bordeaux. — Les nerfs écrasés. — Revenu chez moi l'âme à la renverse, — une vraie crise morale. — Aurais tant souhaité de dormir, oui ! même du sommeil sans fin. — Me suis dévoré le cœur jusqu'à quatre heures et demie. — Le coiffeur est venu. — Habillé, — et puis chez la marchesa.

Elle était d'une beauté splendide, grave, pâle, idéale, et que je ne lui connaissais pas; les cheveux en bandeaux et une émeraude sur le front, les épaules découvertes, et noble et belle ainsi à rendre fou Léonard de Vinci, s'il revenait au monde. — Je le lui ai dit. — Madame de Saint-M... était là, sucée, pâle, yeux cernés, moustaches brunes, l'air *vignette Johannot*, en tout fuseau peu souhaitable, malgré la physionomie de ses petites moustaches de velours, — caillette pour l'esprit, — bas-bleu céleste, — jetant le mot, ce que j'abomine, au lieu de le dire lentement. — On a solidement bu. — Je me suis contenu le plus possible, mais la contagion de l'exemple est venue jusqu'à moi. — La marchesa m'a dit, en jouant, de lui écrire des vers sur son album. Voici ce que j'ai écrit :

> Vous voulez donc que sur la blanche page,
> Fruits d'un arbre flétri soient écrits quelques vers ?
> Oh ! pourquoi votre cœur n'a-t-il pas pour image
> Ces candides feuillets à mes regrets ouverts !
> J'essaierais d'y tracer peut-être avec délices
> Le doux mot qu'en raillant vous dites chaque jour,
> Mais votre cœur, hélas ! est si plein de caprices,
>   Que la place y manque à l'amour !

Rentré. — Pas trouvé de lettre de P... — *Et que voilà ta suprême parole !* — Écrit ceci et couché. — Bonsoir.

. . . .

31.

Ne notai rien hier. — Je rentrai las de corps et je me couchai avec l'avidité du sommeil. — Lu jusqu'à trois heures, mais sans suite. — M'habillai et sortis par un beau soleil, le manteau doublé de satin rejeté nonchalamment sur le bras, et un bouquet de violettes gros-bleu et sentant bon à la main. — Il faisait charmant! — Descendis, sous l'impression physique du temps la rue de Choiseul. — Moins oppressé que les jours précédents, quoique la même cause subsiste toujours, mais quoi! la *couleur du temps* influe sur moi comme sur Florise. — Allé chez G... Lu à la fenêtre ouverte et sous le rayon *ambré* deux ou trois Contes de La Fontaine, chefs-d'œuvre de grâce et de narration. — Descendus ensemble au Palais-Royal et promené dans le jardin en causant de P... cette tête inouïe, — elle est allée chez G... et lui a dit que *c'était ainsi dans la vie, qu'on se voyait et puis qu'on ne se voyait plus.* — Vérité philosophique d'une grande nouveauté. — G... a dit qu'elle a pris un air triste pour proclamer ce bel adage et puis ç'a été tout de moi et comment j'allais? — Elle n'a pas répondu à ma dernière lettre et probablement la dernière dans toute l'étendue du mot.

Dîné vite et de poisson chez C... — Allé chez Guérin passer une heure et demie. — Revenu au Boulevard. — Une lune (jeune croissant encore) claire au fond d'un ciel obscur. — Allé chez Ap... et ramené Lucien au Boulevard. — Causé et promené tard. — Il faisait beau !

Aujourd'hui levé à une heure selon mon système de vie actuel. — Un réveil d'*enragé !* Quand donc l'oubli aura-t-il étendu sa nappe de flots dormants sur les écueils, pensées de regret, où je me meurtris. — Reçu R... et L. B... qui se sont succédé. — Déjeuné par exception.

Au soir.

Après déjeuner mis à lire, et sans désemparer, jusqu'à trois heures et demie. — Guérin est venu. — Coiffé en causant avec lui. — Se plaint de faiblesse corporelle ; moi, c'est à l'âme qu'est l'abattement, — un abattement étrange ! — Le temps gris, bas et triste et un peu froid. — Sorti à six heures. — Allé chez ma damnée tante qui ne veut pas se damner pourtant, car elle est toujours à l'église.

Son œil tout pénitent ne pleure qu'eau bénite.

Elle est venue à Paris faire ses Pâques; autrefois elle y serait venue faire autre chose. — Pascal prétendait qu'un degré de longitude influait sur la morale, — mais il n'y a pas que l'*espace* qui la modifie, le *Temps* influe sur elle bien davantage. — Du reste, qu'attendre de la moralité d'un de ces êtres qui avec la jeunesse cessant d'être poupées, deviennent des têtes à perruque?

Dîné chez Riche. — Allé chez la marchesa, sur la causeuse de laquelle je me promettais de passer le soir, — mais elle était sortie, — avec madame de Saint-M... probablement? — Descendu à Corazza prendre une goutte de café dans un océan de lait, — breuvage efflanqué! — Lu les journaux, — remonté au Boulevard où j'ai erré seul dans un grand ennui. — Quelle lassitude j'éprouve et puis-je vivre ainsi longtemps? — Rentré, retrouvé ce vide dans lequel je plie sous le poids des plus torturantes pensées. — Si cela continue avec cette intensité, je prendrai de l'opium.

Écrit un billet doux à la marchesa pour me plaindre de son absence. — Billet doux, plainte affectueuse! mais près d'elle que j'aime pourtant et qui m'a toujours été si bonne, ne serai-je pas *seul?* Seul comme ici, comme partout maintenant. — J'ai pensé à ce bal masqué où *l'autre* ira peut-être; mais, non! je n'aurai pas l'*infirmité* d'y aller.

Griffonné je ne sais plus trop quoi, puis ceci. — Bu

de l'eau, — plusieurs verres, — j'ai une altération cruelle tous les soirs. — Dans toutes les crise morales, il en est de même.

1er Avril.

Levé d'assez bonne heure et mis à lire immédiatement pour me fuir moi-même. — Reçu deux lettres, — une qui ruine mes espérances d'arrangement avec Ernest. — Rien ne me réussit depuis quelque temps. — A midi, R. est venu. — Habillé; — ai pris un manteau. — Le temps est sec et glacé.

Nous sommes (R. et moi) allés ensemble au Musée. — Y sommes restés trois heures. — Ai remarqué deux choses: la *Danseuse* de Winterhalter, qui est la plus *grande beauté physique* que l'on puisse voir, une image vraie de la jeunesse qui rêve parce qu'elle est lasse d'avoir dansé. Il y a une vie écumante dans cette forte et belle fille; son tambour de basque semble vibrer encore. — Oui! il vibre à l'œil, mais le jour qui tombe, rose et blanc, sur ce front brun et animé, est peut-être trop blanc et trop rose. — Puis le tableau de Biard, je crois, les *Femmes Grecques se précipitant dans l'abîme*, — belle composition! coloris, expression, groupes, variété d'attitudes, cela paraît très beau à un Ostrogoth comme moi qui n'ai pas la moindre appréciation des

Beaux-Arts. — Frappé surtout de la femme qui veut entraîner son fils, lequel, garçon de sept à huit ans, se rebiffe et lutte contre sa mère, n'ayant pas du tout l'air de prendre goût à la chose. — La mère est superbe! une taille d'amazone! une tête merveilleusement posée sur les épaules et un air qui annonce une résolution indomptable. Fière commère! et qui serait une agréable maîtresse, à ce que je crois : — oh! tout à fait agréable! — Sorti du Musée, éreinté et froid. — Suis allé me reposer à lire la *Revue des deux mondes* chez la Graciosa. — De là chez G... où j'ai dîné. — Nous sommes restés à causer *intimement* et *tristement* (l'un suit toujours l'autre) au coin du feu mourant et aux approches de la nuit. — Ordinairement (quoiqu'il soit un ami pour le temps et pour l'éternité) j'ai peu d'ouverture avec lui sur de certains sentiments qui le maîtrisent moins que moi, mais ce soir, c'est lui qui, à propos de son *veuvage*, a pris cette pente. — L'ai étonné par ce que je lui ai dévoilé. — Hélas! je suis plus étonné que lui de ce que j'éprouve. — Pourtant je ne lui ai pas tout dit... et les combats que j'ai à me livrer et l'ennui affreux qui me dévore. — Ma vie a été frappée au cœur.

Autrefois nous nous en serions allés gaîment oublier un jour de plus écoulé chez... A présent, on ne sait où traîner sa fatigue du jour. — Le monde, nous ne l'aimons ni l'un ni l'autre; pour l'aimer, il y faut un intérêt. — Le travail le soir n'est pas possible, du moins pour moi avec mes pensées actuelles ; pour lui jamais, qui a passé la journée en affaires arides et fatigantes. — Que faire donc ? Lui, dans quelque temps, retrouvera ce qu'il a perdu (soit d'une façon, soit d'une autre), mais moi, chez qui il prétend que c'était plus *personnel* que lui, je ne retrouverais pas et ne puis même chercher qui remplace. *Lasciate ogni speranza.* — Quand donc le temps aura-t-il fait son travail ! Je suis las de souffrir toujours par la même idée.

Descendus *insieme* à Corazza. — Pris un verre de madère et lu les journaux. — Remonté au Boulevard, mais rentré presque aussitôt. — Couché et lu dans mon lit *Junius*, — mais dans un accablement presque stupide. — Si je pouvais dormir ! Essayons.

2 Avril.

Largement dormi et par conséquent moins souffrant corporellement qu'hier, mais pas bien encore ; le temps est trop froid quoi qu'il fasse soleil. — Levé après avoir écrit diverses choses dans mon lit. — Diable m'emporte ! j'y vivrais comme ce singulier abbé d'Entragues, si spirituel et si efféminé ! — Sorti en manteau et allé chez la marchesa que je ne voulais pas voir et qui m'a forcé de l'attendre. — M'a reçu en robe de chambre et les cheveux relevés, digne du soleil qui lui pleuvait son or et son opale sur la tête. — Nous ne pouvons avoir de loge à l'Opéra que pour la quinzième représentation de *Guido*, c'est-à-dire pas avant dix jours. — Allé avec G... jusqu'à la rue Bleue et revenu par ce calme passage Saulnier où le soleil s'étalait à l'aise et où je passais pour me bronzer à l'*émotion par l'émotion*. — Que les souvenirs sont vivants encore! — Rentré et fait du feu. — Ai reçu une lettre de ma pauvre ... qui me marque la mort prochaine de sa mère dont le caractère est tout déformé par la douleur. — Je la regretterai pour toute sa tendresse passée quoiqu'elle m'ait blessé dans ce qui pardonne le moins : l'orgueil. — D'ailleurs, en ce moment, j'ai le cœur tellement engourdi de l'impression d'une *peine étouffée* que je suis moins apte à sentir.

Je dois livrer demain les *masses* d'un travail entrepris pour obliger R...; je le lui gâcherai, et lui, je le crains bien, fourrera gâchis sur gâchis. — Y ai pensé, mais comme je n'étais pas maître de mon attention, ai fait voler des lettres arriérées et me suis mis à lire le troisième volume de la Motteville, une dévote qui aurait tenté Valmont : c'est la madame de Tourvel anoblie et femme de Cour en 1649. — Puis les lettres de *Junius*. — Dîné. — Après dîner, resté la tête dans mes mains (est-ce qu'il n'y a pas dans l'*Inferno* du Dante des damnés qui passent toute l'éternité *la tête dans leurs mains?*) et *repassé le passé.* — Dans la vie, l'idée fixe grandit à mesure qu'on la regarde, et je ne sais quel charme de douleur vous la fait regarder toujours. — Le jour est tombé; c'était l'heure où... — G... est venu heureusement, gai comme le feu qui a flambé tout à coup en le voyant et comme par sympathie. — Causé en mangeant des oranges. — Lui parti, repris *Junius.* — Mécontent des huit premières lettres, mais dès qu'il s'adresse à Lord Grafton, il s'élève et jaillit une éloquence poignante, ironique et *froide*, imagée, nonobstant, avec un grand bonheur de rapports. — Beau pamphlet, après tout, et paroles plus cruelles que des faits, ou plutôt faits terribles elles-mêmes. — Écrit un gigantesque billet à la marchesa, — puis ceci et me jette *to bed* pour y lire ou écrire encore.

A ...

Si tu pleures jamais, que ce soit en silence !
Si l'on te voit pleurer, essuie au moins tes pleurs,
Car tu ne peux trouver au fond de ta souffrance
Le calme fier qui naît des injustes douleurs.

Non! tu ne le peux pas! Si ta vie est brisée,
Qui me brisa le cœur où tu vivais? Dis-moi,
Dis-moi qui l'a voulu si je t'ai délaissée?
Tes pleurs amers et vains n'accuseraient que toi!

Les femmes sont ainsi! Que je t'eusse trahie,
Tu reviendrais m'offrir à genoux mon pardon.
Si tu m'aimais, pourquoi cette triste folie
D'implorer de l'amour la fuite et l'abandon?

Mon orgueil t'obéit sans risquer un murmure :
A ce monde sans cœur je cache mes regrets.
Sous un dédain léger je voile ma torture,
Et si bien, — que toi-même aussi t'y tromperais!

Et tu m'aimas pourtant! Amour triste et rapide!
Ne paraissait-il pas le plus profond des deux?
Sans moi de quel bonheur étais-tu donc avide
Puisqu'avec moi jamais tu n'avais l'air heureux?

Mais à présent, sans moi, plus heureuse, j'espère,
Si tu penses parfois à celui qui t'aimait,
Ne te repens-tu pas d'avoir fait un mystère
Du mal que tu souffrais et qui t'inquiétait?

Et si tu t'en repens, cache-le dans ton âme!
Tout n'est-il pas, hélas! entre nous consommé?
O toi, qui n'eus jamais l'abandon d'une femme,
Reste ce que tu fus, — ô blond sphinx trop aimé!

3 Avril.

Mieux qu'hier et le réveil moins mauvais ! — Lu dans mon lit, mais pas longtemps. — Levé et installé au coin du feu. — Écrivaillé. — Pas de lettres ce matin. — Le temps est froid et à ce qu'il me semble nuageux, si j'en juge par l'impression de la lumière. — Commencé le travail de R... qui probablement émoussera le tranchant des opinions avec lesquelles je sabre cette bande de charlatans qui se donnent impudemment le nom d'Artistes. — Interrompu pour commander d'élégantes chaussures, car voici le printemps et je veux apparaître, sur cette terre de boue, comme un demi-dieu sans le nuage qui le cachait. — Nous allons éclore, les lilas et moi ! — Commandé aussi des boutons d'acier fin ciselé pour un gilet de velours noir, sublime invention qui doit me faire plus d'honneur que n'importe quelle découverte scientifique, laquelle et toutes je n'estime pas un *batter d'occhio* d'une jolie et absurde créature femelle. — Que le diable m'emporte ! je me crois être en train de bavarder ce matin. — Pour réformer cette disposition au caquetage (ou cailletage), je vais reprendre le travail de R... Voyons !

Au soir.

Ai griffonné pour R... jusqu'à l'heure où G... est venu. — Raillé tous les deux. — Fait ma toilette et sorti pour dîner. Il était tard. — Dîné chez Copp... — De là à Corazza, où j'ai avalé en languissant malade un verre de madère, et en attendant R... qui n'est pas venu. — Monté d'ennui vague et de désœuvrement au Boulevard. — Un clair de lune perçant. — Je ne sais quelle bizarre fantaisie m'a pris et je suis allé rôder au passage S... — P... est passée (elle rentrait) auprès de moi. — Je n'ai pas vu son visage, mais je l'ai parfaitement reconnue. — M'a-t-elle reconnu, elle, embossé que j'étais dans ma cape espagnole ? — Voilà ce que j'appelle jeter la sonde hardiment dans une blessure.

Ai rencontré L. M... avec lequel j'ai promené assez de temps au milieu des beautés courtisanesques du Boulevard. — Rentré. — Ecrit un billet à R... —Fourré au lit, mais pour lire et non pour dormir. —Ah ! oublié de noter que j'ai reçu un pygmée de billet de Guérin qui m'annonce que nous dînerons ensemble *to-morrow*. — Tant mieux !

4 Avril.

. . . .

5 Avril.

N'ai rien noté hier. — La journée se passa chez moi et au travail. — J'espère qu'il y aura toujours de moins en moins de *déperdition* dans mes jours. — Qu'ils ne soient pas heureux, mais qu'ils soient occupés! — Il faut jeter sa pâture au Lion. — M. de F... en parlant de moi à ma tante, a renouvelé l'histoire de *l'Ours et de l'amateur des jardins*. — J'ai employé toutes les ressources de ma diplomatie pour affaiblir le coup maladroit. J'ai réussi, mais non sans peine. — Elle m'a écrit ce matin de manière à me créer une *nouvelle* espérance.

Dîné hier chez G... avec Guérin, — un repas gai, bruyant et qui a fini par le plus amusant délire de G... et B... quoique j'eusse mieux aimé causer et faire connaître à Guerino tout ce qu'il y a de talent vrai, loyal, plein de verve et de génie dans Désaugiers, — homme de la taille de Burns, mais non d'un talent du même genre. — Aussi étonnant. — Moins d'originalité, mais une plus franche allure ! — et puis une gaîté qu montre jusqu'à sa trente-deuxième dent avec une douce larme vibrant dans l'œil éclatant d'esprit, la gaîté et l'attendrissement, l'une emportant si torrentueusement l'autre, mais ne l'engloutissant pas ! — Cordiale et bonne nature, malicieuse, mais sans fiel, et poétique, poétique toujours ! poétique partout ! la bouche pleine, ou prêt à rouler sous la table. — Le lyrisme fumant du verre, l'audacieuse apothéose du plaisir plus matériel de manger, que lui seul a mis dans *une gloire,* comme si c'était quelque chose de divin ! — Entendant l'épicuréisme avec l'âme, le cœur, comme avec tout le reste ; autant d'entrailles que de ventre en cet homme. Chose rare que cela !

Passai avec G... une demi-heure au Boulevard, *notre salon en plein air* dont le plafond est fait d'étoiles. — Rentré, — lu et couché.

Aujourd'hui, levé beaucoup plus tôt que mes tardives habitudes ne me le permettent ordinairement. — Ecrit deux lettres. — Toujours mieux, mais d'un mieux lent et irrégulier quant à la santé. — Repris le travail de R... (ce ne sont que des notes, mais qui, telles quelles, ne manquent pas de sens et surtout de vigueur ; j'avais une coupante plume de cristal, taillée à facettes). — Travaillé jusqu'à cette heure (une heure et demie et viens de terminer ce que R... m'a demandé. Je l'attends. — Vais lire du Saint-Simon et me faire papilloter, car il faut que je sorte. — Penser (mais non pour aujourd'hui) à aller voir cette pauvre madame de L. R. Amie bien négligée, mais, hélas! j'ai tant souffert ces temps-ci qu'elle m'absoudra, cette douce *Théano* de l'Amitié qui n'a pas été créée pour maudire.

Le soir.

Je rentre las et brisé. J'ai conquis du sommeil, j'espère. — Qu'il soit sans rêves et que je ne me réveille pas! — Quelle fatigue que d'avoir une âme ou quelque chose qui y ressemble! — Ennuyé jusqu'à la mort.

R... est venu. — Tout est informe dans cette tête en fait d'idées. — Le langage sain et même assez élégant, mais si c'est pour cacher ce que nous pensons que la parole nous a été donnée, la sienne fait merveilleusement son office, car on jurerait d'après elle, qu'il ne pense rien du tout. — Épouvanté de mon travail, mais content. — Ai pris plaisir à rouler sa réserve sur les baïonnettes de mes opinions. — Le fait est qu'à propos de peinture, j'ai traité, haut la main et la houssine, tous ces *rapins* qui singent l'artiste, tous ces génies en blouse qui, après s'être admiré le front sur la foi de Gall, empâtent intrépidement la couleur et se rêvent des Murillo, nabots qui ne croient pas même à Dieu et qui se font chrétiens, entre deux orgies, le temps de barbouiller un Christ! — Vac... er est venu. — L'ai raillé implacablement tout en me faisant coiffer. Ce garçon attaque désagréablement mes organes ; — les marmitons de Stanislas sont de beaucoup meilleure compagnie que lui. — Sorti et remonté le Boulevard avec Gaudin. N'ai vu personne. — Dîné d'un appétit furieux. — Pris un verre de madère à Corazza. — Allé avec Gaud... jusque chez Kl... pour un habit. — Revenu et rôdé seul au Boulevard et du côté du passage S... — Pourquoi cette pente? — C'est la disposition qui porte à déchirer la bandelette de sa blessure, car je ne plierai pas jusqu'à une démarche de rapprochement; cela est de la destinée maintenant.

— Écrit ceci l'âme oppressée. — Je sors de chez A..., Flore où j'ai commandé le plus charmant des bouquets pour la *promise* de Guérin. — C'est demain l'anniversaire de sa naissance et je dîne avec elle. — Je me couche pour lire. — Bonsoir!

6 Avril.

Levé après avoir fini un volume de mon ami Saint-Simon. — Fait allumer du feu. — Commencé une longue, longue lettre à ma... — Le tailleur est venu. — Interrompu pour essayer un amour d'habit qui fait à peindre et dont je vais offrir la virginité à mademoiselle Caroline de G... (la fiancée du Poète). — Repris ma lettre qui m'a balayé l'âme de l'écume des jours précédents. — Je lui dis vrai, malgré ce que j'ai senti si vivement ces temps-ci, je l'aime autant que jamais : mais c'est un amour tellement profond qu'il semble simple comme la vie, comme les choses de Dieu qui ne dépendent plus de nous !

Si elle avait été là, si j'avais pu trouver près d'elle ce que j'y trouvais autrefois, je ne pense pas que ce qui a eu lieu fût arrivé. — Angoisse de moins ! — Mais nous autres créatures misérables qui n'avons pas d'enfants à aimer, il faut que nous aimions quelque chose, et non de souvenir, mais pour ainsi dire *pratiquement,* — une tête humaine à appuyer sur notre cœur.

Lu à bâtons rompus. — Voici le coiffeur. — Habillons-nous, car on dîne de bonne heure chez ces dames. — *Away ! away !*

Minuit et demi.

Je rentre. — Une nuit sombre, un ciel rayé par larges bandes sur un fond gris, l'air doux, le sol humide, peu d'étoiles. — Revenu à pied par plaisir, moitié chantonnant, moitié songeant.

Habillé tantôt, — pris une voiture, — allé chez A... qui m'a trouvé *adorablement mis,* ce qui me fait presque autant de plaisir que de me trouver spirituel. — Ai pris un bouquet. — Allé chez mademoiselle de L. F. — Ai embrassé la fiancée de Guérin sur les deux joues et sa tante par-dessus le marché. — Le dîner bon, mais trop long, — quand il y a des femmes, il ne faut pas rester à table longtemps. — N'ai pas beaucoup causé, — sans entrain, sans verve, — aussi suis-je devenu par le fait d'un dîner copieux aussi *torpide* qu'un boa. — Réveillé de cet engourdissement par une violente palpitation. - Suis sorti près de me trouver mal et craignant de faire quelque sottise. — Guérin m'a conduit dans sa chambre où il m'a lu divers feuillets du Journal de sa sœur. — Quelle diction charmante et pleine de traits tellement rêveurs qu'ils semblent profonds! Quelle distinction d'esprit! Quelle noble fille! et que cet esprit est bien femme! et que cette âme est bien sœur! et que cette tendre relation de Guérin et d'elle est bien ce qu'elle doit être, la femme disant à l'homme : « Tu sais, mais aime ! J'aime, apprends-moi ! » Cela est surtout marqué dans le désir ardemment exprimé de voir G... devenir pieux comme elle. Elle n'endoctrine pas, ne prêche pas, elle se rend compte de ce qui est l'obstacle et la supériorité de son frère : mais elle s'écrie avec de ravissantes intonations : « Ah ! pourquoi ne crois-tu pas ? Ah ! que je voudrais que tu crusses ! etc. » Talent qui ne se doute pas de lui-même, naturel, chef-d'œuvre de perfection !

(Il y avait là une petite Bretonne, plus très jeune, les mains peu délicates, les traits forts et irréguliers, vêtue de brun et les cheveux lissés en bandeau et tombant en une seule boucle derrière l'oreille, l'air d'une Jeannie Deans, en somme, qui est jolie comme la plus jolie à force de bien sourire et par la vertu d'un certain regard de côté, en rejetant sa tête en arrière. Il est des yeux plus beaux, mais il n'est pas de regard plus plein de grâce, d'abandon, d'ensorcellerie sans y songer, que ce regard qui vous tombe si mollement dans le vôtre, comme en se détournant. — Encapricé de cette jeune fille. — L'ai fait rougir plus d'une fois parce que sans que je le lui aie dit, elle s'est aperçue qu'elle me plaisait. — Mademoiselle de G... pas jolie pendant le dîner, jolie après, avec un teint purifié, reposé, les yeux d'un scintillement doux. — Qu'est-ce donc que la beauté qui s'efface d'une heure à l'autre pour revenir ? Singulière chose !

Rentré, *bien*, à cela près d'une velléité de migraine causée, je crois, par le parfum des fleurs dont nous étions entourés.— Me revoici dans ma solitude.— La chambre en désordre, les flacons débouchés précipitamment, au moment de partir, et restés, exhalant ce qu'ils n'enferment plus ; les vêtements sur les meubles ; les livres et les papiers épars ! — Cette vie me pèse. Pas de liens, pas de foyer, une tente de nomade qu'on plie en quelques heures et qu'on emporte. C'est triste, passé vingt-cinq ans.

Couché. — Écrit ceci dans mon lit. — C'est la dernière page de ce livre que Guérin a appelé étrange. — Oh ! oui, étrange comme cette vie où Dieu a mis tant de petites choses à côté d'ambitieuses pensées. Combien, de ces pages tracées à la hâte, y en a-t-il qui ne soient pas consacrées à l'ennui que j'appelais en commençant ce Journal *le Dieu de ma vie* ? Ennui, Isolation ! et pourtant je me suis découvert, ces temps derniers, un intérêt jeune, vivant, plein de fraîcheur, croissant mystérieusement au fond de ce cœur que je croyais flétri et blasé, et y jetant silencieusement des racine profondes ! — Cet intérêt, il a fallu le tuer, — l'anéantir, — mais il était, je le sentais. — Qui peut donc répondre de soi-même et qui se connaît tout entier?...

La nuit et le silence m'entourent. *Ils* dorment tous : on n'entend ni vent, ni mouvement au dehors. A *qui* pensé-je, à cette heure? et pourquoi cette obsession éternelle? — Mourez ici, dernières folies d'un cœur brisé, — et puisqu'il faut que la vie soit dévorée, que l'ennui l'arrache au regret! cela vaut encore mieux.

NOTE ADDITIONNELLE

(Page 74, ligne 15)

J'avais laissé cette page en blanc. C'était le portrait le plus fidèle que je pusse faire de ma belle-sœur.

Toute réflexion faite et pour justifier le but de ce *memorandum,* il me faut écrire ce que je pense d'elle. C'est une enfant, moins l'âge, chose fâcheuse! — Elle a vingt-quatre ans; les hommes veulent que ce ne soit plus jeune. N'est pas jolie, — petite, mince, moins flexible qu'une houssine, mais y ressemblant néanmoins. J'exècre les femmes ainsi, car les enfants même ont des formes ou doivent en avoir. — Les cheveux bruns, les traits forts, le pied mal fait, quoique petit; la main délicate, mais sans distinction. Le teint est bistré, mais il s'éclaire de mille lueurs mobiles. Ceci est remarquable et fort joli. — Aujourd'hui il est d'une couleur orangée et mate; demain il sera d'un blanc presque pur, — se rosant, rougissant avec une rapidité électrique. — puis une foule de dégradations dans les couleurs qui marbrent la chair. — Cela fait comme une apparence de passion en cette femme. — Oh! une apparence, un faux semblant de vie, car elle ne connaît de passion que le mot qui l'exprime et qui ne l'a pas même fait rêver. — Ses yeux aussi sont mensonges et pièges. D'un noir profond et sans aucun mélange. Plus longs que larges, chargés, cernés, avec des paupières si noires qu'elles en paraissent humides, assez doux malgré des sourcils comme ceux de Jupiter Olympien. — On dirait que l'adultère repose endormi au fond de toute cette nuit, nuageuse et sombre; et probablement elle vivra sa vie tranquillement, obscurément, sans rien perdre de son innocence, sans rien savoir, sans même rien sentir! — Innocence peu poétique, il est vrai. On vit dans une ville de province, au milieu d'un monde abject, on n'a jamais aimé que son mari (plaisant amour! mais on est toujours ce qu'on croit être), les enfants viennent, on ne lit pas, on a été dressée à l'obéissance par sa mère, esprit et caractère manqués, on se localise sans effort dans ces passivités du ménage que l'on appelle un peu vaniteusement des devoirs. Ni le monde qu'on voit, ni le monde qu'on devine par la lecture et les récits qu'on en surprend, ne font naître une comparaison, ne poussent à un retour sur soi-même. Si par hasard cette comparaison avait lieu dans une rêverie, à propos de quelqu'un qui trancherait sur les autres auxquels on est habitué, elle serait bientôt oubliée. Il faut un caractère si profond pour retenir une impression, qu'avec ce *vague d'être* et par l'esprit et par le cœur, il serait insensé de le prévoir !

Ainsi, monsieur mon frère, avec la petite fille dont il a fait sa femme et dans les circonstances où il se trouve placé, a autant de chance de bonheur que qui que ce soit. Mais entendez ce mot comme l'ont fait les sociétés corrompues, cela veut dire qu'il ne sera point *trompé*. Or il s'y prend de manière à n'être plus aimé de Théodorine, au bout du premier mois de mariage, si elle était une autre femme. C'est donc ce qu'il y a de négatif, d'*informe,* de nul dans celle-ci, qui le sauve de la comique aventure. Mon Dieu ! c'est l'histoire de beaucoup. S'il est trompé, il pourra frapper sa poitrine, car il a le jeu beau, et il aura envoyé à l'ennemi bien des transfuges.

Au reste, il ne se douterait pas plus du péril s'il y en avait, qu'il n'apprécie sa position. Il est aussi ignorant qu'elle et bien davantage, car il est homme, et l'homme doit savoir bien des choses qu'il est permis à la femme d'ignorer. Il a donc pour toute supériorité sur elle le sentiment qu'il est homme, et quand ce sentiment est seul dans l'âme, il produit plus d'oppression que de protection. — Il prend pour de l'amour, comme elle, une assez douce curiosité satisfaite quand on est jeune, et de part et d'autre à son *début*. — N'a pas de passions et encore moins d'esprit qui les admette et les comprenne — pas sot — spirituel même comme on l'est en province (sans langage), mais n'ayant réfléchi sur rien. — Volontaire, — déjà hargneux, — déjà portant des redingotes à la *propriétaire* et ne faisant plus sa barbe tous les jours, comme s'il avait dix ans de mariage. — Ayant pendu au croc son frac d'amoureux, *ex-voto* aux autels d'hymen, et ne se gênant plus, vivant les mains dans ses poches, en marche pour devenir un pourceau, avant quarante ans !

FIN

Achevé d'imprimer

le trois mars mil neuf cent

PAR

ALPHONSE LEMERRE

6, RUE DES BERGERS, 6

A PARIS

www.ingramcontent.com/pod-product-compliance
Lightning Source LLC
Chambersburg PA
CBHW070752170426
43200CB00007B/747